ちくま学芸文庫

空海入門

弘仁のモダニスト

竹内信夫

筑摩書房

目次

空海入門——弘仁のモダニスト

序章
始まりとしての高野山

1　法身の里

この『空海入門』を私は高野山で書いています。この本は私の空海探求の一つの到達点であり、同時に新しい出発点となるものですが、その到達点でもあり、出発点でもあるものを高野山で、しかも冬の高野山で書いているということに、私は深い感慨を覚えずにはいられません。なぜなら、空海という、私たちの日本人の歴史が持つことのできた一人の卓越した人間にとって、高野山という山は大きな意味を持っているからです。高野山を抜きにして空海を語ることはできません。それは空海という人間を生み出し、空海という人間と終《つい》には一つになった山です。

空海の生涯を語るとき、確かに高野山開創は落とすことのできない重要な一齣《ひとこま》です。事実、どの空海論も高野山開創には多くの頁を割いています。しかし、その多くが、高野山開創にまつわる事実の経緯や後世語られるようになる伝説、高野山開創後の堂宇の整備や修法の創始に多くの関心を注いでいて、この高野山という場所が、空海にとって何であり、どういう意味を持っていたかという問題にはあまり関心を寄せていません。

高野山は空海が開いた山であること、それは誰でも知っていることです。また、空海の簡単な年譜を見れば、空海がそこで最期の息を引き取ったこともわかります。だから、高野山が重要なのだ、と私は主張しているのではありません。空海がそこで亡くなったから高野山が重要な意味を持つようになるという順序ではなく、高野山が空海にとって重要な意味を持っていたから、高野山で最期を迎えることを空海は願ったのだ、というのが私の言いたいことなのです。

空海が高野山に初めて住むようになるのは、弘仁九年（八一八）、空海四十五歳のときでした。しかも皮肉なことに、この時期から、空海は公人として極めて多忙な生活を強いられるようになります。ですから、実際には、高野山にゆっくりと滞在している時間は空海が望むほどに多くはなかったのです。比叡山からほとんど離れなかった最澄の場合と比べてみれば、むしろ、空海と高野山の関係は希薄なのではないかとさえ思われます。

しかし、空海の著作を読めば、彼が山の生活を、なかでも高野山での静かな瞑想と思索の生活を、こよなく愛していたことがよくわかります。『性霊集《せいれいしゅう》』の巻一には山の生活を主題とした数篇の詩が載せられています。空海の処女作『聾瞽《ろうこ》指帰《しいき》』でも、山中での修行生活が都会の華やかな、しかし浮わついた生活と対比して、鮮やかに描かれています。

空海はよく手紙を書く人でした。書簡作家としての側面も空海は持っているのです。高野山に住むようになってからの手紙のなかで、空海は、「南嶽沙門空海」と署名するようになります。「沙門空海」は彼が生涯を通じて好んで使った署名であり、自らを称する名称でした。空海が自分自身をどう考えていたかという自己認識が、そこには集約して示されています。その上に「南嶽」をつけて、「南嶽沙門空海」と言っているのですから、この新しい署名にはまた新たな自己認識の次元が付け加えられていると考えてよいでしょう。高野山を我がものとした空海の悦びと、満足と、さらにはいくらかの誇りさえもがそこには感じられます。高野山は空海がもっとも愛した山であったというばかりではなく、求道者としての空海の人生全体を集約する何かがこの高野山にはある、と考えて間違いないと思います。

高野山には、さらに、空海が自らの意志で創建した唯一の寺院、金剛峯寺《こんごうぶじ》があります。京都の空海ゆかりの寺院というのは、京都や奈良を中心にして少なからず残っています。京都の乙訓寺《おとくにでら》、神護寺、東寺、奈良の東大寺などがすぐに思い浮かびます。しかし、これらの寺院は空海が発願して建立したものではありません。空海が自分自身の意志で、自分自身の思想を具体的な形として表現するために建立した寺院は、ただ一つ、高野山金剛峯寺だけです。これはあまりよく知られたこととは言えないかも知れませんが、空海を理解しようとするときには、決して、忘れてはならないことです。

空海が自らの意志で建立した金剛峯寺は、いわゆる「山寺」、山岳寺院です。山岳寺院と言えば、最澄が開いた比叡山の延暦寺も同じように山岳寺院の代表的な例の一つに数えられます。また、そういうわけで、空海はしばしば同時代の最澄と並べられ、対比されます。確かに、最澄も空海と同じように、都市の仏教から逃れ、山中の修行を第一義とした仏教修行者でした。後に虚空蔵《こくうぞう》求聞持《ぐもんじ》法《ほう》の問題をめぐって詳しく見ることになると思いますが、奈良時代以降、都市の仏教、国家の仏教に対して、山の仏教、個人的修行を主な目的とする仏教がクローズアップされるようになります。都市の仏教を捨てて山の仏教に没入していく僧も少なくありませんでした。最澄もそのような山の仏教を選択した僧の一人でした。最澄よりも若い空海は、もっと徹底的に、山の仏教に飛び込んでゆきます。

高野山は空海にとって、最澄の場合の比叡山がそうであったように、何よりも自己完成のための修行の場でした。修禅の道場であり、菩提の道場でした。その点では最澄と空海は確かに同じものを持っています。しかし忘れてならないのは、空海には、都市における公的な活動がもう一方にあり、山での修行はそれと大きな緊張関係をもって結合されていたということです。時には両者が激しくぶつかり、矛盾を露呈することもあります。したがって、空海という人物を見る場合、この二つの側面をはっきりと分けた上で、それがどのように統合されていたかを考える必要があるように思います。そこに空海の独自性があり、空海の思想と活動の広がりと奥行きを感じとることができるからです。

いずれにしろ、高野山は空海という一個の人間にとっては、彼の仏道修行の出発点であり、到達点でありました。高野山は空海にとってアルファでありオーメガなのです。

事実、山林修行者としての空海の経歴の初めに、高野山の思い出は印象深く刻まれていました。弘仁七年（八一六）、高野山の下賜を請う上表文を空海は上申しますが、そのなかに次のような、まことに鮮烈な印象を与える一節を読むことができます。

空海、少年の日、好んで山水を渉覧す。吉野より南に行くこと一日、さらに西に向かって去ること両日ほどにして、平原の幽地あり。名づけて高野《たかの》という。計るに、紀伊の国、伊都《いと》の郡《こおり》の南に当れり。四面高嶺にして、人蹤蹊《じんしょうみち》絶えたり。

「少年の日」というのが正確に何歳頃のことかはわかりませんが、二十四歳のときに書かれた『聾瞽指帰』のなかで、自らをすでに山林斗《と》藪《そう》を事とする修行者として描いていますので、この「少年の日」も二十歳以前のことと見てよいのではないかと思います。

山林修行者としてまだ駆け出しの頃、空海はすでに「高野」を知っていたのです。おそらく空海は、吉野から南行一日、さらに西行して二日ほどのこの「高野」という場所に、繰り返しやって来ていたに違いありません。そして、その「平原の幽地」を見下ろす峠に立ったとき、西の空が明るく開け、それと同時に自分の心もスッと大自然に向かって開かれる感覚に捕われたに違いありません。

空海は「人蹤蹊絶えたり」と言っていますが、この道を歩いた山林斗藪の修行者は空海だけではなかっただろうと思います。すでに、そこにはかすかではあっても、人の歩いた「蹊《みち》」はあったと思います。それに加えて、すでに「高野《たかの》」という名が存在していたのですから、人々の生活と何らかの関係がその地にはすでに存在していた、と考えなければなりません。おそらくは、山を生活の場とする狩人たちが、獲物を求めて、この地を往来していたはずです。

それはともかくとして、「高野」が青年空海の記憶に鮮やかに刻まれていたことは疑うことができません。吉野から「高野」、そして四国の山々へと青年空海の足跡は延びていますが、なかでも「高野」は忘れ難い場所だったのではないでしょうか。修行者としての空海が最初からもっとも愛していた場所ではないか、と私は考えています。

高野山の冬は厳しく、そして何とも言えぬ美しさを持っています。高野山がもっとも高野山らしくなるのは冬だと思います。実際に冬の高野山に住んで私はそう確信しました。ところで、私が高野山で住むのに冬という季節を選んだのにも理由がありました。さきほど「高野山らしくなる」という言葉遣いをしました。「高野山らしく」とは何か、と言いますと、それは空海が住んだ高野山に近い、という意味です。次にそのことをお話ししておきたいと思います。

空海が、高野山開創を決意し、その地を賜《たまわ》るように朝廷に願い出たのが、先にも言いましたように、弘仁七年（八一六）、より正確にはその年の六月十九日のことでした。勅許を得た後、おそらく翌年の夏を待って、空海はまず実恵《じちえ》、泰範《たいはん》らの弟子を「高野」に派遣します。地元の有力者の協力を得て、紀の川南岸から「高野」までの新しい登山ルートを開き、そのルートの起点（紀の川南岸）と終点（「高野」の「平原の幽地」）に拠点となる施設を建設するためであったでしょう。そのことはまた後で詳しく考えてみることにします。しかし意外なことですが、空海はそのときには「高野」に行っていません。

空海がその後初めて「高野」に登るのは、二年後の、弘仁九年（八一八）十一月中旬でした。旧暦の十一月です。今の私たちの暦で言えば、十二月中旬か下旬に当たります。何もわざわざ好んで、自然がもっとも厳しい表情を見せ始める厳寒の季節に高野山に登ることもないではないか、と思われるかも知れません。京都での仕事が忙しく、冬しか暇がなかったとも考えられますが、私はそれが唯一の、さらには第一義的な理由だとは思いません。空海は、敢えて、自ら望んで、その厳寒の季節を選んだのだと私は思います。

高野山は今でもよく雪が降ります。十二月になれば、夜間は零度以下にまで冷えますし、正月にはほとんど毎日零度以下に下がります。高野山の空気は、山中の盆地ということもあり、湿気を含んでいます。その空気中の水蒸気は、夜ともなればおのずから雪の小さな結晶となって、地表に落下します。また、下界に降る雨は山上ではまだ大きな雪の結晶のままで、それが空中を舞い、やがて落ちて地表面を覆い尽くします。毎日、夜には、雪が降る。そう言っても高野山では少しも誇張ではありません。空海が初めて「高野」に登ってきたときも、山上はすっかり冬景色であったことでしょう。

『性霊集』の巻一に「入山興」という詩が載せられています。空海がわざわざ寒い冬を選ぶようにして山に入るのを見て、不審に思った人がその理由を尋ねる、というところからその詩は始まります。

問う、師、何の意《こころ》あって、深寒に入る
深嶽崎嶇《きく》としてはなはだ安からず
上るも苦しみ、また下る時も難し

こういう問いに対して、この「師」、つまり空海はあれこれと仏教の諦観について語った後、次のような言葉でこの問答を結んでいます。

南山の松石は看《み》れども厭《あ》かず
南嶽の清流は憐れむこと已《や》まず
慢《あなど》ることなかれ、浮華《ふか》名利《みょうり》の毒を
焼かるることなかれ、三界火宅《さんがいかたく》のうちに

斗藪《とそう》して早く入れ、法身《ほっしん》の里

「南山」、「南嶽」という言葉が使われているとおり、ここで問題になっている山は高野山です。冒頭の問いの部分に「深寒」という言葉があったことを思い出してください。空海が冬になってから「南嶽」に赴くのを、当時の人も不思議に思っていたことがわかります。「松石」、「清流」、「深寒」と対比される「浮華」と「名利」と「火宅」は、都市の生活、欲望と虚栄にまみれた都の生活をいう言葉です。

もっとも注意すべきところは、高野山が（実は高野山に限らず一般に「深山」と考えてもよいのですが）「法身の里」と呼ばれているということです。この「法身の里」という言葉ほど、高野山が空海にとって何であったかをよく物語る言葉はありません。空海の定めた金剛峯寺伽藍のマスタープランの中心に、法身大日如来の象徴である多宝塔（私たちが今も壇上伽藍にその姿を見る根本大塔）を置いているのは、そこが「法身の里」と呼ばれるべき聖地であったからなのです。

「法身《ほっしん》」というのは、遍《あまね》く存在するもの（仏教ではそれを「法界《ほっかい》」と言います）の象徴であるビルシャナ仏のことです。宇宙そのもの、あるいは大自然そのものと考えておけばよいと思います。密教の修行の最終目的はこの「法身」の境位に悟入すること、「法身」との宗教的一体感を自己の全存在をもって体得することです。この「法身」のなかに「我」を悟入せしめ、「我」のなかに「法身」を呼び込むこと、それが修行の究極の目的、求道の最終の階梯です。真言密教ではそれを「入我我入《にゅうがにゅう》」という言葉で言い表します。「深寒」の高野山は、その「入我我入」が実現されるべき場所である、と空海は言うのです。

それならば、冬の高野山を体験せずばなるまい、「法身の里」の真髄に触れるなら冬だ、と私は考えたのです。冬を選んで、私が高野山に来たそれが第一の、そして唯一の理由でした。

空海が人間としての生を終えたのも、先に述べたように高野山なのですが、その直前まで空海は、実は京都に下っていました。空海は前年の末に、新しい修法、後に「後七日御修法《ごしちにちのみしほ》」と呼ばれるようになる宮中の修法を執り行いたい、という趣旨の請願書を朝廷に提出しておりました。それが直ちに許されたものですから、弟子たちを率いてその修法を執り行うために山を下りていたのです。その修法が滞りなく終わったところで、空海は、一月の中旬か下旬の頃（新暦では二月の末頃）に、高野山に帰山しております。高野山上はもちろん、途中の山道にも、雪が厚く積もっていたのではないかと思われます。その頃の空海はかなり体調も弱っていたようなのですが、それでも強いて「高野」に戻り、そこで死を迎えるのです。高野山で生涯を終えたい、それが空海の最後の願いであった、そのように私には感じられます。

後にも詳しく述べますが、空海は高野山を「入定《にゆうじよう》」の場所とするつもりでした。「入定」とは「修禅」のことです。「定《じよう》」はサンスクリットの「ディヤーナ」(dhyāna)、つまり瞑想修行、観想のことです。都の大寺で執り行われるさまざまな仏教儀礼(読経や修法)とは違う、仏教者が仏教者個人としての悟りを目指して行う修行、それが「定」です。音訳して「禅」とも言います。「禅」は何も後世の禅宗の占有物ではなく、当初から仏教修行の根幹にあり続けていたものです。人生最期の時を、都の官寺ではなく、自らの修禅道場において過ごしたいという空海の思いは、私にはよく理解できます。

空海が高野山を愛したように、私も高野山が好きです。事柄が以上述べたとおりである以上、私の空海探求においても、高野山という山はその出発点とならなければなりません。空海の求道においてそうであるように、私の空海研究においても、高野山はアルファでありオーメガであるように思います。ですから、私は私の空海論を発表する前に、どうしても高野山に来る必要があったのです。

しかしながら、ただ訪問者としてそこを訪ねるだけではだめだ、という思いは最初から強く持っていました。今回、冬の高野山に比較的長期間(といっても六カ月間ですが)住むようになる前にも、私は何回も高野山に登っておりました。高野山について世間ひと通りのことは見もし、聞きもしておりました。高野山について書かれた本も主なものには目を通していました。しかし、それだけでは満足できないものを、私は常に感じていました。なぜなら、参拝者として訪れる私の見聞も、高野山の歴史を解説してくれる本も、空海が見出し、空海がその生涯を結びつけるほどに愛した「高野《たかの》」という「平原の幽地」については、何も教えてくれないからです。少しの期間でもよい、高野山に住まなければならない、そうしなければ空海は理解できない、そういう思いが、空海のことを考えれば考えるほどに、私のなかで強くなってゆきました。

今それが実現し、私は冬の高野山に住んでいます。そして私は自分の感覚を通して、その「平原の幽地」を実感できるようになったのです。そのとき、私は私の空海について語ることができるように思いました。空海が「六大無碍常瑜伽《ろくだいむげじょうゆが》」(この大自然のなかに存在するものはすべて常に深く結び合わされている)と書いた、その大自然と一つである悦びを、空海とともに感じることができたからです。

2　山水を渉覧す

一介のフランス文学研究者にすぎない私が本書を書くようになったそもそもの機縁にもなっていますので、個人的なことになるのですが、私がどのようにして空海に関心を抱くようになったかという経緯について少し書いておきます。
私が空海という歴史上の人物を意識するようになったのは、考えてみれば、もう二十年以上も前のことです。学生運動のなかで私は、自分とは何か、世界とは何か、人間は何のために生きるのか、というような問いとともに、誰もが一度は通り抜けなければならない人生の危機を、友人たちよりは少し激しい形で経験しました。大学をやめようと考えたことさえあります。幸いなことに、職を求めて訪ねていった小さな業界新聞社の社長さんに諭《さと》されて、大学をやめるということは考え直しました。一人の先生（今は亡き平井啓之先生）に出会い、学問に志したのはその後のことです。私の志したのは、空海ではなく、フランス文学の研究でした。

大学院修士の学生だった頃でしょうか、たまたま手にした一冊の本が私を決定的に空海に結びつけてくれました。それは渡辺照宏・宮坂宥勝共著の『沙門空海』という本です。超ロングセラーの本で、今でも「ちくま学芸文庫」の一冊として店頭に並んでいます。その本によって私は、人間空海の存在を教えられたのです。空海が若い頃、大学をやめ、山林斗藪の修行者のなかに身を投じたということを知ったのも、その本によってです。私は大きなショックを受けました。千年以上も前にこんな日本人がいたのか、という驚きです。「沙門空海」というそのタイトルとともに、千年の時空を超えて、人間空海が一挙に私に身近な存在になったのです。

もう一つ私が空海に惹かれた点がありました。私は、高校生の頃から、故郷の四国の山を歩くのが好きでした。特に剣山《つるぎさん》や石鎚山《いしづちさん》には、何度も繰り返し登りました。特に石鎚山が好きで何度も登りました。春先の、まだ雪深い石鎚山は私のもっとも好きな山でした。明治以来、ヨーロッパ風のアルピニズムが日本でも登山の主流になりますが、日本の山は修験者風に体験するのがもっともよいと私は思います。山に登るというより、どちらかというと山を歩く、です。頂上を目指すよりも、山に深く分け入ること、山を征服するのでなく、山と一体となること、それが私が言う「修験者風」ということの意味です。

空海が若い頃に「好んで山水を渉覧」していたことは先にも見ました。「山水を渉覧する」とは、なんとみごとな表現でしょう。原文では「渉覧山水」の四字です。「渉覧」という漢語は「方々見てまわる」くらいの意味です。ワンダー・フォーゲルもいい呼び名ですが、修験者風に山を歩くことをこんなに的確に、しかも軽やかに表現した言葉を私は他に知りません。「そうか、俺は四国の山で山水渉覧していたのか」と、あらためて自分がやっていたことを見直したものです。石鎚山も、空海の「渉覧山水」の足跡が誌《しる》された山でした。そのことを知ったのも『沙門空海』を通じてでした。そして、そのことが空海をいっそう身近に感じさせてくれました。まことに不遜な物言いなのですが、私は空海を山歩きの大先輩のように感じていたのです。いや、大先輩というよりも、山友だちのように、と言わなければなりません。我が山友空海、なのです。

ご覧の通り、私は真言密教という高遠な思想を介して空海に近づいたのではありません。しかし、空海において、この「渉覧山水」がそのままに、空海の説く密教世界に繋《つな》がっていたのは私にとっては幸いでした。そのおかげで、私は空海の密教世界に何の抵抗もなく導かれたのでしたし、山歩きといういわば「共通の体験」を通じて、空海の思索を自分なりに跡付ける手がかりを手に入れることができたのです。

それ以来、私は自分が専門として選んだフランス文学の研究を続ける傍ら、空海の本を読み、空海が歩いた場所を自分も歩き、立ち止まった場所で自分も立ち止まりながら、空海のことを考え続けてきました。『沙門空海』という一冊の本を導きの糸として、空海の著作を読み、空海の足跡を求めて、四国の大瀧岳《たいりゅうだけ》や室戸岬、吉野や熊野、そして高野山、さらには中国の西安、杭州、揚州なども訪ねました。

そして今、時はめぐって、冬の高野山に住む機会を与えられました。私が高野山に住んでいると聞いて、多くの人が真言密教の修行をしているのだと考えたようです。そうではありません。私は私の空海を求めて高野山に来ているのです。空海が選んだ山を私が身を以て深く感じたいがために、私は高野山に来ているのです。それをしも「修行」と言えるのならば、それが私の修行かも知れません。

高野山には、金剛峯寺の他に、高野山大学があります。日本でもっとも標高の高い所にある大学ではないかと思います。その高野山大学には密教文化研究所という研究機関があって、密教と空海の研究において、すでに多くの優れた成果を生み出しています。規模は決して大きくありませんが、現在の空海研究をリードする位置にあるのが、この研究所です。所長の松長有慶《まつながゆうけい》先生、高木訷元《たかぎしんげん》先生、私の研究指導を引き受けてくださった武内孝善《たけうちこうぜん》先生、このお三人のご厚意で、その研究所に私は研究員として受け入れてもらうことができました。研究所の研究に寄与することはできませんでしたが、そこで私は私の空海研求に没頭することができました。

すでに高野山に半年近くわが身を置き、そこで空海のことだけを考えてきました。そうすることで初めて、私は今まで求め続けてきた空海、私にとっての空海の何者であるかを摑むことができました。「沙門空海」の脈動を、実感することができたのです。私の実感できた空海がどういうものであるか、それを空海の著作を通じて、また現在の空海研究の成果を踏まえつつ、お話しすること、それが本書を書く私の目的です。

ところで、高野山に来て私がまっさきにしたことは、高野山のなかをあちこち歩き回ることでした。空海についての勉強もしましたが、最初の頃はとにかく出歩いていました。

「渉覧山水、渉覧山水」と唱えながら。そういうふうにして、自分の身体を高野山の自然に慣らしてゆきました。

現在の高野山は空海が開いたときそのままの高野山ではありません。現在の高野山は平安末から鎌倉時代にかけて盛んになる「弘法大師信仰」と「高野山浄土思想」の上に再構成された高野山です。

その高野山には、二つの中心があります。一つは、西端に近く位置する「壇上伽藍」と呼ばれる場所で、基本的には空海が構想した金剛峯寺の痕跡を残す部分です。もう一つは、その反対側、東端に位置する「奥之院」と呼ばれる場所です。「奥之院」には弘法大師の「御廟《ごびょう》」があり、それに至る参道の両側には、近世初期の大名たちの巨大な石の五輪塔をはじめとして無数の供養塔が並んでいます。他では見られない独特の雰囲気を持った聖地というべきでしょう。週末、特に「報恩日」と言われる毎月二十一日には、多くの参拝客で雑踏するほどです。「大師信仰」の中心はむしろこの「奥之院」の方にあります。

しかし、言うまでもなく、「大師信仰」は空海自身が唱道したものではありません。

そういうわけですから、空海が開いた高野山は、現在の高野山には存在しません。存在しないというより、時間の塵に厚く覆われて見えなくなっています。現在私たちが目にするのは、空海によって開かれた高野山ではなく、その上に千二百年になんなんとする日本人の長い営み、そして何よりも弘法大師に対する思慕と信仰が蓄積された宗教的聖地です。だから、目に見える高野山を見て、「これが空海の開いた高野山か」と考えるのは間違いです。かつての「平原の幽地」はいまやびっしりと立ち並ぶ建物（その多くはなんと言っても五十を超える宿坊寺院です）とコンクリートのそれらの寺院を繋ぐ道路で覆われています。空海の時代と変わらないのは、夜の真っ暗な空と、そこに輝く星々くらいかも知れない、と高野山に来た当初は私はかなり深い失望を感じさせられました。

しかしそれでも、私は高野山の「渉覧山水」を続けました。特に、東の端の「奥之院」には何度も行きました。西の端、今は「大門」と呼ばれる楼門が建っている所から「奥之院」まで、早足に歩いてちょうど一時間です。人並みに「お大師さん」にご挨拶申し上げるという気持ちはもちろんありましたけれども、それと同時にもっと大切な目的がありました。それは、高野山の山としての形を、身体で感じ取り、覚えるということです。歩くことによって、地表面の高低差も自然に身体に感じ取れるようになります。水が流れる道筋とその方向もおのずから見当をつけられるようになります。中央を流れる川（阿殿川《おどがわ》）がもっとも低いところですが、それに向かっていくつもの小さな尾根が周りから張り出し、方々で小さな谷川が流れ落ちています。

そのうちに私は面白い発見をしました。高野山は普通そう考えられ、説明もされているように一つの長円形をした山中盆地ではなく、互いにかなり大きな高低差（十〜十五メートル）で区切られている二つの山中盆地だということです。そしてこの二つの山中盆地は流れの早い一つの狭い谷川で結ばれているのです。その阿殿川上流に位置しているのが、「壇上伽藍」のある西の小さな平原、下流に位置するのが「奥之院」のある、上流のものよりは広い東の平原です。太古の時代、この二つの盆地は清らかな水を湛えた山中の小さな湖であったかも知れません。

この発見は私を喜ばせました。なぜかと言えば、もともと二つの平原ならば、先ほど指摘したような高野山の二つの中心の存在をよく説明してくれるからです。さらに、川下に位置する中心、つまり「奥之院」は、川上の中心つまり「伽藍」と一応切り離して、別々に考えてみることができるからです。もし、空海の高野山を考えるとき、「伽藍」を中心とする川上の平原だけを考慮すればよいのであれば大変好都合なのです。「奥之院」は、大師信仰が形成され盛り上がった時代に、川上の「伽藍」に統合されたと考えれば、現在の高野山の姿をうまく説明することができます。

この発見に励まされて、高野山における私の「渉覧山水」はますます熱を帯びてきました。週末になれば「奥之院」ばかりではなく、周辺の峰々にも登ってみました。その峰々を結ぶ「女人道」という尾根道が今も保存されています。その道の展望が開ける所で立ち止まっては、私は飽くことなく「高野」の「平原の幽地」を見下《おろ》しながら観察しました。二つの山中盆地はいっそう歴然と二つに分かれ、その二つを一つに統合しているのは実はこの「女人道」であることが徐々に見えてきました。

また、「町石道《ちょういしみち》」と呼ばれている参拝道も繰り返し歩きました。紀の川の南岸の九度山《くどやま》町に慈尊院という寺があります。その所には、後に述べるように空海在世の頃、いやその後も長い間、金剛峯寺の政所《まんどころ》が置かれていました。高野山登山のための山下《さんげ》の中継地点であり、食糧や生活物資を調達し保管する拠点でもありました。「町石道」というのは、その慈尊院から高野山伽藍までの約二十キロメートル、片道、六時間ないし七時間の登山道です。空海もこの道を何度も往来したはずなのです。

苦労の甲斐あって、今では、空海の見ていたであろう「高野」の「平原の幽地」を、私はほぼ完璧に思い描くことができます。もちろん、私の思い描くイメージが千二百年前にその通りであったかどうか、それは保証の限りではありません。しかし、私の想念のなかに思い描かれる「平原の幽地」は、私の空海探求の原点となるものです。そこで、以下に章を改めて、その「平原の幽地」をもう少し詳しく、空海のテクストに即して説明しておくことにしましょう。併せて、高野山という場所が持つ意味についても、空海の生きた時代を背景に置いて、考えてみたいと思います。

第一章
空海の原風景

1　高野山の再発見――諸《もろもろ》の修行者のために、聊《いささ》か修禅の一院を建立せん

序章で私は、二十歳を過ぎた頃、空海がすでに「高野」という名の「平原の幽地」を発見していたということを話しました。その「平原の幽地」がどのような場所であり、どのような意味を持つものであったかを、今から、考えてみたいと思います。

まず、その場所の持つ意味を空海のテクストに即して考えます。私の空海探求のもっとも確かな手引きは、空海自身が書き残したテクストです。多くの空海伝が空海に仮託されて、後世に作られた物語に依拠して作られています。私は、それらの空海伝説とははっきりと異なった立場を取りたいと思います。まず、確実に空海の著作と思われるテクストを読み、その読みを通じて空海が生きていた時空を共有する努力をすること、これが私の空海探求の基本原則です。

序章では「高野」の地を請う上表文を、部分的にですが引用しました。それは、『性霊集』という空海の詩文集に収められていて、その題名は「紀伊の国、伊都の郡、高野の峯において入定《にゆうじよう》の処を請け乞《こ》わせらるる表」となっています。注意していただきたいのは、この表題は空海自身がつけたものではなくて、十一世紀の終わり頃の済暹《さいせん》という編者が付

けたものです。『性霊集』と呼ばれている本は、隅から隅まで空海の書いたテクストで構成されているわけではないのです。その点に関して、現行の『性霊集』を読むときに必ず注意しなければならないことが一つあります。そこで、本題から少し逸れることになりますが、そのことをまず説明しておきたいと思います。

一口に『性霊集』十巻と言われますが、その空海詩文集は、空海の直接の弟子である真《しん》済《ぜい》という人（延暦十九年〔八〇〇〕―貞観二年〔八六〇〕）が、空海の在世中から収集を始め、おそらくその死後間もなくの頃、編纂したものです。正式の名称は『遍照発揮性霊集《へんじょうはっきせいれいしゅう》』です。「遍照」は空海の灌頂《かんじょう》名ですので、タイトルからも空海の詩文集であることがわかるようになっています。

ところで、真済の編纂した『性霊集』はもともと十巻で構成されていたのですが、いつの頃にか、巻末の三巻が散逸してしまいました。そこで、約二百五十年後の承暦《じょうりゃく》三年（一〇七九）に、先ほども言ったように済暹という人が、その頃まで伝承されていた空海の文章をあらためて集めなおし、それを三巻にまとめて『続遍照発揮性霊集補闕抄《ほけつしょう》』（以下『補闕抄』と略称）というものに編集して、先の七巻に合わせて全十巻を復元しました。今私たちが読む『性霊集』十巻というのは、ですから、真済編纂の七巻と済暹編纂の三巻とが合体されたものなのです。

ここでテクストの信頼性の問題が生じてきます。真済は空海の直弟子で、空海と同時代の人です。真済が集めた詩文、つまり『性霊集』巻一から巻七までに収められている文章は、すべて空海が書いたものと考えて間違いありません。しかし、二百五十年後の済暹が集めた文章は、はたして空海が書いたものであるかどうか、そこのところからして大いにあやしいのです。そこで本書ではこの二つをはっきりと区別して、巻一から巻七までは『性霊集』でよいのですが、巻八・九・十は『補闕抄』巻八・九・十と呼ぶことにします。

今、問題にしている上表文は、その『補闕抄』巻九に収められているもので、はたしてそれが空海の書いたものであるか、あるいは後世の偽撰であるかはわからないのです。しかし、この上表文に限って言えば、タイトルは別にして、空海の書いたものであると考えてよいのです。根拠は二つあります。

一つは、文章の質の高さです。『性霊集』巻七までに収められている文章と比べてみても、少しも異質な感じがしません。空海らしい簡潔雄勁《ゆうけい》な筆致です。しかし、これではまだ間接的な証拠にしかなりません。

もう一つの根拠は、これと同じものが空海の書簡集である『高野雑筆集《こうやざつぴつしゅう》』に載せられていること、また空海の別の手紙から（その手紙は後で読みますが）、その時期に空海が「修禅の一院」建立のために「高野」の地を請う上表文を提出した事実が確認できるからです。

『高野雑筆集』は誰が編纂したものか不明なのですが、その原型は九世紀末まで遡るものと考えられています。つまり、『高野雑筆集』は、『性霊集』と並ぶ、信頼性の高い文献であるということです。

『高野雑筆集』に載せられているその手紙というのは、空海の知人の布勢海《ふせのあま》に宛てたものです。布勢海は、当時、主殿《とのも》寮《りょう》の助《すけ》、つまり次官を務める人でした。主殿寮というのは宮内省に属し、宮中の諸事全般を管掌する役所です。布勢海は、弘仁七年（八一六）六月二十七日、嵯峨天皇の使者として空海のもとを訪れ、「二巻の古今の詩人の秀句」を、勅賜された屏風に書いて献じよとの下命を伝えています（『性霊集』巻三「勅賜の屏風を書し了《お》えて即ち献ずるの表、並びに詩」）。それを見ると、どうやら、布勢海は嵯峨天皇と空海との私的な交際を仲介する使者の役を務めていたのではないかと推測されます。

そういうわけですので、『補闕抄』巻九に収められている上表文は空海の書いたものと見て間違いないのですが、正式の文書なので表現が高踏的で、難しい語句がたくさん使われています。また、空海に関する本にしばしば引用されて、少々手垢《てあか》がついたという印象も免れません。そこで今は、布勢海宛の私信の方を引用して、空海にとって「高野」とは何であったかという問題を、少し突っこんで考えてみたいと思います。

少し長いのですが、次にその全文を、高木訷元氏の読み下し文をお借りして、引用しておきましょう（筑摩書房『弘法大師空海全集』第七巻）。ただし、読みやすくするために旧仮名遣いを新仮名遣いに改め、訓読、送り仮名、句読点、改行など、私の考えで改めた個所があることをお断りしておきます。各段落の頭の番号は、後の説明のために便宜的に私がつけたものです。

①比《このごろ》、消息を受けず。馳渇《ちかつ》の惟《おも》い深し。陰熱、これ温かなり。動止如何《どうしいかん》。

②空海、大唐より還るとき、数《しばしば》漂蕩《ひょうとう》に遇いて、聊《いささ》か一の少願を発《おこ》す。「帰朝の日、必ず諸天の威光を増益《ぞうやく》し、国界を擁護し、衆生を利済せんがために一の禅院を建立し、法によって修行せん。願わくは、善神、護念して、早く本岸に達せしめよ」と。神明、昧《くら》からず、平らかに本朝に帰る。日月流るるがごとくにして、忽《たちま》ちに一紀を経たり。もしこの願を遂げずんば、恐らくは神祇を誑《あざむ》かん。

③貧道《ひんどう》、少年の日、修渉の次《つ》いで、吉野山を見て南に行くこと一日、さらに西に向かいて去ること二日ほどにして、一の平原あり。名づけて高野《たかの》という。計《はかりみ》るに、紀伊国伊都の郡《こおり》の南に当たれり。四面高山にして、人迹夐《じんせきはるか》に絶えたり。

④かの地、修禅の院を置くに宜《よ》し。今思わく、「本誓を遂げんがために聊か一の草堂を造りて、禅法を学習する弟子等をして、法によって修行せしめん」と。

⑤ただ、山河土地は国主の有なり。もし天許を蒙《こうむ》らざらんには、本戒に違犯せんこと

を恐る。伏して乞う、この望みを以聞《いぶん》して、かの空地を賜うことを蒙《こうむ》らんことを。もし天恩允許《いんきょ》せば、一の官符を紀伊の国司に賜らんことを欲す。委曲は表中にあり。謹んで状を奉る。不具。

沙門空海状上

布助　執事　謹空

最後の段落⑤の最後の部分に「委曲は表中にあり」(「詳しいことは上表文のなかに書いてあります」)という文言が見えますから、この手紙とは別に正式の上表文を書いて上進していたことがわかります。この手紙に日付はありませんが、上表文と同じ日付、つまり弘仁七年(八一六)六月十九日に書かれたものであることは間違いありません。

先ほども触れましたが、この日から八日後の六月二十七日には、当の布勢海が嵯峨帝勅賜の屏風を持って高雄山寺にやって来ます。どうも日付の関係からいって、望みの土地は与えてもよいが、その代わりに屏風に揮毫《きごう》せよ、というのが嵯峨帝の思惑であったように思えます。「高野」勅賜の太政官符と言われるものも残っていて、その日付は七月八日です。そして、空海が実際に屏風に揮毫して献じたのが、八月十五日。空海も、なかなか強《したた》かなもので、官符が下ったのを確かめてから、嵯峨帝の要求に応えたようです。

さて、本文をもう少し詳しく読んでみることにしましょう。①の段落は書き出しの挨拶ですので省略することにします。②は後回しにして、序章で述べたことと関係する③の段落から始めることにしましょう。ここに書かれていることは上表文と内容的にはまったく同じです。ただ、語句が変わっているところがあります。上表文では「空海」という自称が使われていますが、ここは私信ですので空海の愛用した「貧道」という自称が用いられています。「貧道」とは、僧が自分を卑下して言う自称の代名詞です。「山水を渉覧す」は、簡略に「修渉」という二字に置き換わっています。また「平原の幽地」は単に「平原」となっています。

段落④、⑤は、この手紙の一番大事な用件を述べるところです。まず禅院建立の意志を述べた後に、国土にすべて「国主」である天皇に帰属するものであるから、「高野」の土地に修禅の道場を建てるにしても、天皇の許可を戴かなければならない。就いては、そのことを奏上していただきたい、という内容です。要するに、布勢海に嵯峨天皇への仲介を依頼するのが、この手紙の本来の目的なのです。

この手紙でもっとも興味深い点は、今まで触れなかった段落②にあります。しかもこの部分に対応する文面は、「少願」という言葉を除けば、上表文にはすべて欠けています。私信であるからこそ言えたことがらであったのかも知れません。重要なポイントですので、もう一度②の本文を読んでみることにしましょう。

②空海、大唐より還るとき、数《しばしば》漂蕩《ひょうとう》に遇いて、聊《いささ》か一の少願を発《おこ》す。「帰朝の日、必

ず諸天の威光を増益《ぞうやく》し、国界を擁護し、衆生を利済せんがために一の禅院を建立し、法によって修行せん。願わくは、善神、護念して、早く本岸に達せしめよ」と。神明、昧《くら》からず、平らかに本朝に帰る。日月流るるがごとくにして、忽《たちま》ちに一紀を経たり。もしこの願を遂げずんば、恐らくは神祇を誑《あざむ》かん。

ここに書かれている通り、空海が帰国時に漂流したことは事実です。そして、その危難を乗り越えて無事帰国したことも事実です。しかしそのことはさて措いて、ここで告白される「一の少願」に注目して頂きたいのです。海が荒れ海難の危険に遭遇したとき、空海は、無事に帰国できるように「善神」に祈願します。引用文中「」でくくった部分がその祈願の内容です。そこには「一の禅院を建立し、法によって修行せん」という言葉が書かれています。それが「善神」との契約でした。空海が海難に遭遇したとき、神々に祈ったことは、おそらく事実であったでしょう。「忽ちに一紀を経たり」と書いているのでもわかるとおり、「一紀」つまり十二年前のことでした。

しかし、実は、問題はその祈願の内容そのものにあるのではないのです。問題は、「高野」に禅院を建立しようと計画している空海が、弘仁七年の時点で、その計画の根拠として帰国船上の祈願を引き合いに出し、禅院建立の目的は神々との約束を実行することにあるのだという論理で、相手を説得しようとしているというところにあるのです。

そうなると、空海の言葉を信じる限り、「禅院建立」の計画は、十二年前から計画されていたことになります。しかしなぜ、空海はこのときに、「禅院建立」の計画を具体化する場所として「高野」を望んだのでしょうか。この時期すでに空海は嵯峨天皇の厚い信任を得て、実質的には高雄山寺（現在の神護寺）を自由に使ってよい立場にありました。高雄山寺は京都北西の、当時はまだ深山と呼んでちっともおかしくない場所にあります。それなのになぜ「修禅の院」を建立する場所として決して不適当なところではありません。それなのになぜ「高野」なのか、というのが私の抱く疑問です。

その答えは、実は、上表文の方に書かれています。原文は難しい語句が頻出しますので、ここではその要旨を紹介するに留めたいと思います。まず冒頭、自然界の現象もその条件が整って初めて生じるのだということを、「山高きときは則ち雲雨物《もの》を潤し、水積もるときは則ち魚竜生《しよう》ず」という比喩を借りて説き起こします。それゆえに、インドの霊鷲山《りようじゆせん》では釈尊の説法が行われ、補陀落山《ふだらくせん》には観音菩薩が現れ、今にその行跡は伝えられている。その理由を考えてみれば、その土地の姿がよいからである。中国の五台山、天台山を見よ。そこには多くの修行者が集まって、修行に励んでいるではないか、とインドの事例を経典から引き、仏教先進国の中国の現況を踏まえます。

これだけの準備をしておいて、空海は日本の現状に目を転じます。日本でも歴代皇帝が仏法に関心を寄せ、そのおかげで立派な寺院が多く建てられている。それらの寺院では優れた僧侶たちが仏典を講義し、仏教の学問に精進している。「法の興隆、ここにおいて足りぬ」、仏法の興隆はもうこれで十分だと思われる、という言葉で空海は彼の状況分析を終えます。これが冒頭の「起」を受けた「承」の段にあたりますが、当然次には「転」が来なければなりません。この部分は原文の読み下しを引用することにしましょう。

ただ惜しむらくは、高山深嶺《こうさんしんれい》に四禅《しぜん》の客乏しく、幽藪窮巌《ゆうそうきゆうがん》に入定《にゆうじよう》の賓希《ひん》なり。実《まこと》にこれ、禅教未だ伝わらず、住処相応せざるが致す所なり。今、禅経の説に准じるに、深山の平地、尤《もつと》も修禅に宜し。

平城京や平安京、あるいは地方の国や郡の中心地を見る限り、日本全国に仏教寺院が建てられ、そこには多くの僧が経典を講義し読誦《どくじゆ》している。もうこれで十分足りているではないか、いまさらに禅院の建立など、どこにそんな必要があろうか。そのような反論を想定してこの部分は書かれています。確かにそのとおりである。しかし、日本には何かが欠けている。その何かとはすなわち、インドの霊鷲山、補陀落山であり、中国の五台山、天台山である。霊鷲山や補陀落山、五台山や天台山とは何か。奥深い山中に設置された修禅の道場である。空海はそう主張しているのです。「高山深嶺に四禅の客乏しく、幽藪窮巌に入定の賓希なり」というのは、当時の日本に欠けているものを鋭く指摘する言葉なのです。

「四禅」と言い、「入定」と言っても要するに同じことです。「禅定」と一言で言えばわかりやすいでしょうか。「禅定」というのは、国家の安泰を祈って行われる法会《ほうえ》や祈禱ではありません。それは、修行者一人一人の宗教的・人格的完成を目指す修行です。一個の人間が、一個の人間であるということの条件を十分に認識した上で、人間というもののあり方を全面的に引き受け、そのことによって人間存在に新しい次元を切り開いてゆく、そのような個人的修練が「禅」であり、「定」なのです。


論書に基づく奈良時代の学問仏教、僧尼令《そうにりょう》によって統制された国家仏教に飽き足らず、空海も含めて多くの若い青年が山に入り込んだのは、この時代に「個人」というものが芽を出し始めていたからではないでしょうか。しかし、生まれつつある個人的自覚に対して、明確な形を与え、明確な指針を示すことができた者はいませんでした。「禅教未だ伝わらず」というのは、そのような個人実践的な仏教がまだ伝わっていないという主張です。そしてそこには同時に、密教こそ、今の日本に欠けているその個人実践的な仏教であるという自負が込められています。密教を携えて帰国した空海のもとに優れた青年たちが参集したのも、その辺りに根本の理由があるのではないかと私は考えてます。

「禅教未だ伝わらず、住処相応せざるが致す所なり」と空海は書いています。「住処」というのは、修行の場所、というほどの意味ですが、「禅」の教えが伝わっていないばかりか、それにふさわしい場所も日本には存在していない、と空海は言いたいのです。修禅のためには、都の、都市の寺院ではダメだ、というもう一つの主張がここには秘められています。「高野」の地に、「禅客肩を並べる」、中国の五台山のような修禅道場を建設しよう、空海の胸中にはそのような思いが沸き立っていたのです。

「今、禅経の説に准じるに、深山の平地、尤も修禅に宜し」。いよいよ「結」の部分です。「禅経」とは仏教経典全般、特には空海が身を以て請来した密教経典のことです。そのなかに「深山の平地」が修禅にはもっともふさわしい場所であると説かれている。そこで、空海自身が青年の頃に発見していた「平原の幽地」、「高野」が呼び出されてくるという順序になるのです。日本の仏教に今もっとも欠けているもの、それを補うのが「高野」である、という論理の流れがここに明確に現れています。

空海の側には、熟慮に熟慮を重ねた戦略があったことがわかります。その戦略の核心にあるのは、都市の仏教に対する山の仏教、国家の保護を受け、国家の政治的儀礼に偏った日本仏教のなかに、あらためて、個人的・人間的覚醒を眼目とする実践的仏教の息吹《いぶき》を吹き込みたい、それが空海の念願の核心にあったと私は考えます。都の近くの高雄ではなく、そこから遠く離れた「高野」でなければならない理由もまたそこにあるのです。

確かに「高野」は「少年の日」に空海によって発見されていました。しかし、それが、修禅の適地として捉え直され、新たな意味を持って空海の前に立ち現れてくるには、それ以後の求聞持法の体験、中国の長安での密教との出会いが必要であったわけですし、帰国後の日本仏教の状況に対する危機意識が不可欠の契機として横たわっていたのです。つまり、「高野」は、修禅にもっとも相応する場所として、空海によってこのときに再発見されたと言えるのです。

2 高野山の開創——貧道、来年秋月必ず参ぜん

『高野雑筆集』には、高野山開創に直接関係する興味深い手紙がもう一通収められています。布勢海宛の手紙が効を奏したものか、「高野」下賜の勅許はすぐに与えられますが、その後に書かれたものです。今度は、それを読んでみることにしましょう。

①古人言えることあり、胡の馬は北に向かい、越の鳥は南に巣くうと。西日は東に更《かわ》り、東雲は西に復《かえ》る。物の理《ことわり》自《おのずか》ら爾《しか》り。人において何ぞなからん。これを先人の説に聞くに、我が遠祖、太遣馬宿禰《たけまのすくね》は、これ則ちかの国の祖、大名草彦《おおなぐさひこ》の派《わかれ》なり。所《ゆ》以《え》に尋ね謁《まみ》えんと欲すること久し。しかれども、左右《さう》拘碍《こうがい》して志願を遂げず。悚息《しょうそく》何

をか言わんや。

②今思うに、法によって修禅の一院を建立せんと欲す。かの国の高野の原、もっとも教旨にかなえり。故に表を修《つくろ》うて情《こころ》を陳《の》ぶ。天恩允許《いんきょ》して符を下したまうこと訖《おわ》んぬ。③ここを以て一両《いちに》の草庵を造立せんがために、且《しばら》く弟子の僧泰範、実恵等を差《つかわ》して、かの処に発《た》ち向かわしむ。伏して乞う、仏法を護持せんがために、方円相済《あいすく》わば幸甚、幸甚。

④貧道、来年秋月に必ず参ぜん。披謁に未だ間《いとま》あらず。珍重、珍重。謹んで状《しる》す。

最初の段落①は挨拶と考えればいいのですが、いろいろと面白いことがわかります。例えば、空海の遠祖が「太遣馬宿禰」という人物であること、その祖をさらに遡れば「大名草彦」がいて、それは紀伊国の先祖でもあること、したがって自分の家系と紀伊国造家（紀氏《きうじ》）のそれとは、遠く遡れば同祖である、と空海が認識していたことなどです。

時代はちょうど家系混乱期に当たり、『新撰姓氏録』という家系整理を目的とする国家的編纂事業が営まれた時期でした。さまざまな家系が切れたりくっついたりしていた時代ですから、空海の言うところもそのまま信用することはできません。しかし、「大名草彦」は『新撰姓氏録』の紀氏の系図に出てくる名ですので、空海はこの手紙を書くとき『新撰姓氏録』を見ていたのではないかと思われます。なお『新撰姓氏録』は嵯峨天皇の勅命によって編纂されたもので、この手紙が書かれた年の一年前、弘仁六年（八一五）に撰述を終え、奉進されています。

段落②には、再び、「修禅の一院」建立の意志と、「高野」を選んだ理由が、表明されています。また、「高野」下賜の勅許が得られ、官符が紀伊国司に下されたという経緯も知ることができます。

段落③からは空海の高野開創の具体的な計画を窺うことができます。まず当面の目標として「一両の草庵」、つまり一、二の簡単な建物を建てるつもりであったことがわかります。「空海は金剛峯寺を建立した」と聞けば、多くの人が奈良や京都にあるような大伽藍を想像してしまいますが、とんでもない間違いです。事実においては、「一両の草庵」から出発する山中の小さな道場でした。この種の間違いが空海像を大きく歪めているということをこの機会に改めて指摘しておきたいと思います。

それはさておき、段落③にある次の文言に注目してください。その「一両の草庵」を造らせるために、「且《しばら》く弟子の僧泰範、実恵等を差して、かの処に発ち向かわ《つかわ》しむ」、と空海は確かにそう書いています。つまり勅許が下され、「高野」が下賜された後、空海は直ちに自らその地に乗り込んだのではないのです。まず、泰範と実恵らを派遣する、と書いています。「等」とあるからには、この二人の他にも派遣された弟子はいたのでしょう。しかし、それほど多くの人数が先遣隊として派遣されたとは思えません。

この手紙を書いたのは、その弟子たちに援助の手を差し伸べてもらいたい、ということをこの手紙の宛名人に依頼するためでした。この宛名人が誰であったかは、研究者の間で意見が分かれています。紀伊国司であるとか、いや原地の郡司クラスの人物であろうとか、いやいや原地の、つまり伊都郡の別の豪族であろうとか、いろいろの意見が出されています。最近では、武内孝善氏が、その宛名人は丹生祝《にうはふりうじ》氏の当主ではないかという説を出されています。基本的に私はこの武内説に従いたいと思います。

それはともかくとして、空海は「高野」の地を下賜された後、自分がそこに乗り込むというのではなく、まず弟子たちを派遣しているのです。考えてみれば不思議なことです。高野山寺開創という重要な局面ですから、いくら空海が若い頃からその土地を知っていたとしても、あらためて検分するくらいの手順は踏んでもいいのではないか、と誰もが思います。事実、現地検分のさまざまな物語が伝説化されて今に伝えられています。しかし、実際には、空海がそのような現地検分を行った形跡はありません。

「高野」の地を望んだ理由として、空海はしきりに「少年の日」の「高野」との出会いを引き合いに出します。それは、空海の「高野」への思いが、その時期に遡ることを私たちに教えてくれているのではないでしょうか。そして帰国の船上で、空海が「一の禅院を建立」することを誓ったというのが事実だとすれば、そのときすでに空海の頭のなかには「高野」の記憶が、鮮やかに蘇《よみがえ》っていたのではなかったでしょうか。

つまり、空海は「高野」がどういう場所であるか、そこに行かなくともよいぐらい十分に知っていたのだと思います。だから、空海は弟子たちを先に派遣し、「一両の草庵」を造るということから高野開創の事業を始めることができたのです。それがどこにあり、どのような場所であるかということを含めていろいろなことを、弟子たちにも、あたかも現地で指揮するかのように、具体的に説明しておいたのだと思われます。

紀の川の南岸、今の和歌山県かつらぎ町三谷《みたに》の集落に、丹生酒殿《にうさかどの》社と呼ばれる古い神社があります。三谷の集落を大きく包み込むような広い谷の東寄りの山麓にあります。そこからは、山上にある丹生津比売《にうつひめ》神社へと通じる道が延びています。山上には広い平地があって「天野《あまの》」と呼ばれています。「天野《あまの》」が「高野《たかの》」と対を成す地名であることは、名称からもすぐにわかります。

酒殿社は、岡田荘司氏の研究によれば、丹生神がこの地域、つまり伊都郡に最初に鎮座した場所であり、後に本殿が「天野」に移された後には、そこに「酒殿」(神社の祭祀用の器具や幣物などを納める建物)だけが残された、という経緯であるらしいのです。つまり、三谷と「天野」は、政治・経済・社会・文化などあらゆる点から見て、一柱の神によって統合される単一の生活空間を、すでに構成していたということです。

私が丹生酒殿社の話を持ち出したのは、空海の弟子たちが派遣されたとき、そこにはすでに丹生神を祭祀する有力な氏族、つまり丹生祝氏《にうはふりうじ》が居住していたことを確認しておきたかったからです。ここで問題にしている手紙が、この丹生祝氏に宛てられたのかも知れないということについてはすでに述べたとおりです。

これは推測にすぎませんが、「高野」と呼ばれる土地も、丹生祝氏の支配下にあった人々の生活空間にすでに組み込まれていた可能性が高いのです。丹生祭祀には、狩猟民的性格のものが残存しているといわれ、それは丹生神の紀の川筋への進出に伴って、土着の祭祀を吸収していった結果ではないかと言われています。丹生津比売神社の三谷から「天野」への「登山」も、そういう流れにおいて見ると、理解しやすいと思います。「天野」も「高野」もそこに生活する狩猟民の生活空間であったのですが、そこに丹生祝氏が入り込んできて一帯を支配するようになる、ということです。丹生祝氏は紀伊の国造家である紀氏《きうじ》の分かれであり、共通の祖先として先の手紙にも出た大名草彦を祀っています。

こうしてみると、空海は「高野」開創に先だって、どうやら、最新の現地情報も集めていたらしいことが見えてきます。伝説が語るような、狩場《かりば》明神や丹生津比売が登場して、空海を「高野」に案内するなどという必要はどこにもありません。むしろ、話は逆で、現地にはすでに狩猟民の神々（「天野」や「高野」に、それはどういう形であるかはわかりませんが祀られていたはずです）をも吸収した丹生祝氏の生活圏が存在し、空海はそのことを十分に認識した上でこの手紙を書いているのではないでしょうか。

以上の推測が正しいとすれば、たいへん合理的に事を運んでいる空海の姿がそこにはあるように思われます。弟子たちへの指示のなかには、この丹生祝氏の援助を得るべきことも含まれていたのではないかと思います。と同時に、「高野」開創事業の拠点を、丹生酒殿神社の近辺に置くことも空海は指示していたのではないかと、私は考えています。

実際に、高野開創の根拠地として選ばれたのは、酒殿社から東の方向に「天野」の山麓を回り込んだ、現在「女人高野」の名で有名な慈尊院がある場所でした。なぜそこになったのか、詳しい経緯はわかりません。しかし、そこは高野山塊の北斜面の水を集める丹生川が、深い渓谷を刻みながら紀の川に流れ込む、その合流点に位置しています。「天野」から見れば東北の山麓で、ちょうど酒殿社とは背中合わせの位置関係にあります。さらにその場所からは、高野山のランドマークである弁天岳をはっきりと視野に捉えることができるのです。そのことは、特に、注意しておいてよいと思います。ここにも、私は、空海の計画の周到さを感じます。

その場所にまず、弟子たちによって「高野」を支える山下の拠点が設営されます。ちょうど「天野」の丹生津比売神社に対する酒殿社に当たるようなものだと考えればよいでしょう。後にその拠点は、金剛峯寺の「政所《まんどころ》」と呼ばれるようになりますので、本書でもこの場所をそのように呼ぶことにします。川岸に近い山麓に、まずは、小さな小屋が建設されます。弟子たちの当面の活動拠点であり、また食糧・器材などを保管するための倉庫としても機能したと思います。そこを拠点として、いよいよ空海の計画が「高野」の地に実現されてゆくことになります。

そのことがすでに為し終えられたかのように、空海はこの手紙の最後にさりげなく、しかし断固とした調子で書いています。「貧道、来年秋月に必ず参ぜん」と。

3 高野山への入住──山高く雪深うして、人迹通じ難し

空海が、おそらくは唐から帰国して以来初めて、再び「高野」の平原に入ったのは、弘仁九年(八一八)十一月十六日のことでした。

『高野雑筆集』には、「高野」から発信された手紙が何通か載せられています。それらの手紙を読み合わせることによって、「高野」入住の日付が弘仁九年十一月十六日と確認されるのです。ここでは、そのなかから二、三通を読んでみようと思います。

まず、十一月十六日という日付に関係する手紙から読むことにしましょう。

①貧道、黙念せんがために、去《いんぬ》る月の十六日、この峰に来住す。山高く雪深うして、人迹通じ難し。限るにこの事をもってし、久しく消息を奉らず。悚息《しょうそく》何ぞ言わん。②辱《かたじけ》なくも、米油等の物を恵まる。一喜一躍す。③雪、寒し。伏して惟《おもん》みれば、動止如何。命ずる所の孫子は、春を待ちて、こもごも来たれ。穏便、謹んで還るに因る。

十二月

「黙念せんがため」、手紙ごとに繰り返される言葉です。それは、空海の想念のなかで、「高野」が修禅と深く結び合わされていたことを、あらためて私たちに教えてくれます。「去る月の十六日」というのと、手紙の最後に書かれている「十二月」（もともとは何日というところまで書かれていたと思います）とをつき合わせますと、現行暦で言えば空海の高野入住が十一月十六日であったことがわかります。

「山高く、雪深うして人迹通じ難し」。上表文にあった「人蹤蹊絶えたり」という一節を思い出させる文です。原文は「山高雪深、人迹難通」の八字です。しかし、この八字こそが、当時の「高野」の冬の様子を私たちに、リアルに、そして余すところなく伝えてくれています。「高野」に雪が降っていたということは、「政所」近辺は別にしても、途中の山道のほぼすべてが、雪に覆われていたということです。「人迹難通」は単なる修辞ではなく、まさにそのとおりあるがままの現実であったと思われます。

しかし、その雪道を辿って空海を訪《おとな》う人がいなかったわけではないのです。段落②にあるとおり、山上まで「米油等」を運んでくれる人がいたのです。宛名がないので、これを命じた篤志家の名はわかりませんが、都での空海の俗弟子、それも相当に有力な人物であったことは、「久しく消息を奉らず」とか「辱なくも」、「伏して惟みれば」というような言葉遣いから推測することができます。雪のなかを高野まで米油等を運んでくれたその人に託して、この手紙はその人物に送られています。最後の部分、「穏便、謹んで還るに因る」（帰りの者に託してご返事を申し上げます）という文句でそれがわかります。

しかしこの人物よりも早く、空海が高野に来た翌日にはすでに、もう一人の来訪者が厳寒の「高野」の庵を訪れていました。

①久しく清話を阻《へだ》つ。馳仰、懐《こころ》に積む。中冬、厳寒なり。伏して惟《おもん》みれば、動止《どうし》如何《いかん》。貧道、易良《いりょう》なり。
②辱くも、経史を擔《にな》うことを恵まれ、一荷一悚《いっかいっしょう》す。
③入観の外《ほか》は特にその人を思う。雲嶺万仞《うんれいばんじん》、花城数百なり。夢魂、心使、いずれの時にか通ぜざらん。風吹いて便りあらば、金玉を惜しむことなかれ。謹んで還る人に因《よ》

南嶽沙門遍照　状上

りて状を奉る。不宣。

十一月十七日

清修理亮《せいしゆりのすけ》　記室　謹空

もうほとんど解説は要らないでしょう。空海の手紙の書き方にも少しは慣れていただけたでしょうか。段落①は挨拶の文句。大体が決まり文句です。「貧道易量」は、私も無事何とかやっております、というほどの意味です。

この手紙は「経史」、つまり中国古典の経書や史書を高野まで送り届けてくれたことに対する礼状です。宛名が書かれていますので、それを送ってくれた人がわかります。「清修理亮」という人です。「清」は「清原」という人の名、「修理亮」は、「修理職《しゆりしき》」つまり内裏の修理・造営を司る役所の「亮《すけ》」つまり次官を指す職名です。段落①や③の文面を見れば、やはり日頃から交際のあった人なのでしょう。

「修理職」の次官がどうして空海に本を送ってくれたのか、不思議な気がしないでもありませんが、段落②に「擔うことを恵」むとあり、ここの「恵」は「恵投」とか「恵贈」というのと同じ敬語表現でしょうから、単に「運んでくださった」というほどのことかも知れません。この解釈が正しいとすれば、前の手紙の「米油等」とは違って、これは空海の所持していた「経史」（つまり仏典以外の蔵書）の運搬を、この「清修理亮」が手配してくれたということかも知れません。

段落③には例のごとく、「入観」の文字が見えます。観想に入ること、要するに「修禅」のことです。「入観」の時以外は、あなたのことを思っています、という文面です。遠く離れていても、「夢魂、心使」（夢のなかを通う魂、心と心を通わせる思い）「いずれの時にか通ぜざらん」（それが通じないということはありません）。原文は「夢魂心使、何時不通」、前の手紙のなかの「山高雪深、人迹難通」と対を成すような文句です。これもわずかに八文字ですが、読む人の心に染み入る名文句です。序でながら、「夢魂」は、白居易の有名な詩「長恨歌」にも出てくる言葉です。

「風吹いて便りあらば、金玉を惜しむことなかれ」。何かよい便りがあれば、どうかぜひお手紙をくださいという意味ですが、これもいい文句です。日常的な信書であっても、一つ一つの文句がこんなふうに読む者をして立ち止まらせる力を空海の文章は持っています。「経史」を運んで雪の山道を登ってきた人は、帰りには空海の手紙を運ぶ人となっています（「還る人に因って状を奉る」）。

もう一通の手紙を紹介しておきましょう。これは「高野」からはるばる下野《しもつけ》の国（現在の栃木県）に送られた手紙です。

①貧道、去る弘九冬月を以て、紀州の南嶽において閑寂に就く。

②十年の春、葛生に附して恵まるる銀鉤《ぎんこう》並びに土物、高雄寺より転送し来たれり。書を開いて指南を承る。物を覯《み》てその人を想う。

③即ち、還答し奉らんと欲すれども、葛生、鎮西に下って今においても未だ帰らず。この事を以て久しく闕如《けつじょ》す。計るに必ず恠《あやし》みあらん。

④松巌の下、白雲の人を極む。秋月一《ひと》た び推《うつ》り、春花再び開く。朝々夜々、誰か九廻《きゅうかい》に堪えん。故怠《こたい》にあらざるを恕《ゆる》せば、深く幸いなり。

⑤今、便風に因りてこれを奉る。不具。　　南嶽沙門遍照　状上

弘十暮春十日

下野太守　記室

ここではまず手紙の最後の日付を確認しておきましょう。「弘十暮春」は段落①に見える「弘九冬月」と同じ書き方でしょうが、やや変則的です。言うまでもなく、弘仁十年暮春のこと。暮春は三月のことですから、全体で弘仁十年（八一九）三月十日ということになります。同じようにして、段落①の「弘九冬月」は、弘仁九年の十月から十二月までを指しますが、すでに最初の手紙で見たように正確には十一月十六日でした。この手紙が「高野」で書かれたことは「貧道、去る弘九冬月を以て、紀州の南嶽において閑寂に就く」という文面、そして署名の「南嶽沙門遍照」から見て、間違いありません。ですから、

空海は弘仁十年三月十日にはまだ高野山に居たことになります。

そうなると、いつまでいたのかということも知りたくなりますが、残念ながら下山の正確な日付は不明です。しかし、『高野雑筆集』には、年次を欠いていますが、「五月十七日」付の「筑前王太守」（筑前国司の栄井王）宛の手紙が収録されています。この手紙の文面（特に、「貧道、閑静を貪らんがために暫くこの南峯に移り住む」という文言）から判断して、これが弘仁十年の五月十七日に書かれたものであることはまず間違いありません。したがって、この日までは、確かに空海は「高野」に居たことになります。

その同じ「筑前王太守」に対して、空海は八月十日にも手紙を書いていますが、その発信地はすでに京都です。その文中に、「去る月の中に勅牒《ちょくちょう》ありて、且く中務省《なかつかさしょう》に任ず」というくだりを読むことができます。つまり、空海は弘仁十年七月中旬頃に、勅によって中務省勤務を命じられているのです。

同じことは、名宛人不明の八月十三日の手紙からも窺えます。その手紙には、「高野」入住から下山までを簡潔に報告する、次のような一節を読むことができます。

空海、前年、禅庵を造らんが為に、且く南嶽に向かう。事《こと》草々なるに縁って、消息を奉らず。悚息《しょうそく》何をか言わん。今、勅牒に随《したが》い、来たりて城中に入れども、就いて謁《まみ》ゆるに由なし。

これらの手紙から判断して、空海は、弘仁九年十一月十六日から翌年の七月中旬まで「高野」の「禅庵」に留まっていたことが推測されます。

「下野太守」宛の手紙の文面にもう一度戻りますが、段落②によりますと「葛生」という人物が、下野国からはるばる「銀鉤並びに土物」（銀製の鉤と土産物《みやげ》）、そしておそらくは、それらの物と同時に、手紙を運んできたことがわかります。この「葛生」は「鎮西」つまり九州の大宰府まで足を延ばしているようですから、意外に長途の連絡役が、当時の日本国内を動いていたのだということがわかります。宛名の「下野太守」というのは、下野国司紀朝臣百継《きのあそんももつぐ》のことです。空海にとっては旧知の友人でした。

百継は、空海が高野に移ったことをどうやら知らなかったようです。荷物はまずは高雄山寺にもたらされ、そこから高野に転送されています。段落④には、「秋月一《ひと》たび推《うつ》り、春花再び開く」と書かれています。陰暦三月十日は、陽暦の四月中旬から下旬です。春の遅い高野山にも春の桜が咲き初めていたのでしょうか。春の花が初夏の新緑に変わり、さらに夏が過ぎて、秋風が吹き始める旧暦の七月中旬まで、空海はなお「南嶽」の「閑寂」を楽しんだことになります。大同四年（八〇九）の入京以来、久しぶりの「閑寂」の時を空海は持つことができたのだと思われます。

4 高野山への道——町石道を歩く

空海が「高野」に登った弘仁九年の冬には、新しく開かれた約二十キロメートルの細い山道が、紀の川の南岸に設置された「政所」から、高野山上の「平原の幽地」まで、延々と延びていました。後世、その道は「町石道《ちょういしみち》」と呼ばれる高野山参拝道として整備されます。一町（約一〇〇メートル）ごとに「町石《ちょういし》」が道しるべとして立てられているので、そう呼ばれるようになったものです。その「町石道」を私たちも歩いてみようと思います。

出発地点の「政所」を出ると、まもなく道は急な上りになります。四〇〇メートルの標高差を一気に登るのです。現在は、九度山名物の柿畑がその急峻な斜面を埋め尽くし、眼下には、紀の川の雄大な流れが眺められます。登りが終わると、天野の里に下る峠（「六本杉」と呼ばれている地点で、標高約五〇〇メートル）に到着します。そこで道は三谷から天野に至る「旧道」に合流し、やがて天野の丹生津比売神社の社殿の前に出ます。

神社の背後には今下ってきたばかりの峠からほぼ真南に、まっすぐに延びる平坦な稜線が、晴れた日ならば青空を背景に、くっきりと明確な線を描いているのが見られます。神社の前を回り込むようにして道は東に転じ、その稜線を目指します。そこには、現在、二つの石の鳥居が並んで建っていて、土地の人はそれを「二つ鳥居」と呼んでいます。そこから道は、尾根の東斜面、不動谷川の西側斜面に出ます。深い谷を挟んで南東の方向に、「高野」のランドマーク、弁天岳のピークが見えてきます。そこからは平坦な尾根筋に沿ってほとんど高低差のない山道です。道の左側は急峻な崖、右側は天野の平原に続く緩やかな斜面、その間を道は単調に続きます。

やがて、弁天岳が東の方向に位置を変え、谷の向こう側に大きく迫るように見え始めます。ここが「町石道」のほぼ中間地点です。弁天岳から西に延びるどっしりと太い尾根が紀の川水系と有田川水系の分水嶺となっており、その尾根が「天野」の山塊につながる地点が、現在は「矢立《やだて》」と呼ばれている峠です。矢立の峠の標高も約五〇〇メートルで、天野とだいたい同じです。驚くべきことですが、天野まで辿り着けば、道は矢立までほぼ平らなのです。全行程のちょうど三分の一にあたる距離が平坦であるということは、往来には、特に荷物の運搬には極めて有利な条件なのです。

矢立を過ぎれば、そこからは自然地形的に言えば弁天岳の領分、生活空間的に言えば「高野」の領分に入ります。ここまで来れば弁天岳はもう見えませんが、目指す「高野」は間近です。目の前に立ちふさがる尾根を登りきると、深く広い谷の真向かいに、高野山の「大門《だいもん》」が見えてきます。現在の「大門」が立つ位置は、弁天岳から南に伸びる稜線上の小さな鞍部になっていて、何もなくてもその位置はすぐにわかります。「大門」の南側は急峻な崖になっていますが、標高差五、六十メートル下でその斜面の傾斜は緩やかになって小さな平坦地を作っています。現在の「町石道」はまずそこに到達し、そこから最後の登りにかかるようになっています。

今私たちが登ってきた道は、その昔、空海が辿った道です。現在の「町石道」は、「六本杉」から丹生津比売神社まで下らないで、「六本杉」から尾根筋を辿って「二つ鳥居」まで直行するルートになっていますが、私は、これはかなり後になって開かれたものだろうと考えています。最初の頃は、丹生津比売神社を経由する道筋だったものと思われます。それは、丹生津比売神社から高野へと続く登山道の始点をしるし付ける位置に「二つ鳥居」があることからも、推測できることです。

ところで、「高野」の到達点にも鳥居が建てられていました。今は、それが楼門形式の「大門」に取って替わられていますが、十一世紀初め頃の『御手印縁起』という古文書に附属している絵図を見ますと、現在の「大門」南側の崖の下には、鳥居が描かれています。その鳥居をくぐれば、そこは「高野」の境界の内部です。「二つ鳥居」から「高野」の鳥居まで、二つの鳥居を結ぶ道々には、町石の原型となる何らかの道標が設置されていたと思われます。それが、空海の弟子たちによって新しく開かれた高野登山道でした。

「大門」の鞍部を通り越すと目の前に、まさに「平原の幽地」という言葉に違《たが》わない小盆地が現れます。現在の「大門」は、その当時にはまだ存在していませんが、その地点が「法身の里」への入口であったことは、当時も今も変わりません。そこは少し高みになっていて、眼下には、斜面の水を集める一筋の谷川が、東に向かって流れ落ちているのが認められたはずです。その流れに沿って、新しい細い道が踏み固められています。左側、北の方角を仰ぎ見れば、弁天岳からこちらに向かって流れ落ちてくる尾根が、目の前で東に向かって隘れ出るような形で、ほぼ平坦な台地を形成していることがわかります。やがて、道はその台地の南側で谷川から離れ、その台地の上に私たちを導いてゆきます。

その台地はそう広くはありません。南北、東西の幅ともに、せいぜい数十メートルほどでしょうか。台地の向こう側（後世「本中院谷《ほんちゅういんだに》」と呼ばれる）にも、こちら側（「南谷《みなみだに》」と呼ばれる）よりはもう少し水量の豊かな谷川、弁天岳そのものを水源とする水の流れが音を立てて流れています。それは阿殿川《おどがわ》の源流で、台地の東側で南谷の谷川と合流し、さらに東に向かって流れ去っています。合流点（現在の金剛峯寺前の駐車場辺り）の周辺は湿原で、その辺りには大きな樹木も見られず、光が明るく地面いっぱいに満ち溢れていたことでしょう。それは空海が「大虚寥廓《たいきょりょうかく》として円光遍《あまね》し、寂寞《じゃくまく》無為にして楽しきや不《いな》や」（『性霊集』巻一「山中に何の楽しみか有る」）と歌った、その言葉どおりの光景です。湿原の向こうには両側から迫《せ》り出すように小高い峰（「小高い」と言っても標高はみな一〇〇〇メートルに近いのですから、下界からみれば高山です）が並び、その狭間に川の流れは消えてゆきます。朝にはその峰の間から太陽が昇って、この窪地を明るく照らしていたはずです。

その窪地の上には、すでに弟子たちによって「一両の草庵」が建てられていました。水も「本中院谷」の谷川からすでに引かれていたことでしょう。整地された台地の片隅には、天野の狩人たちが祀った「高野」の神様の、小さな祠があったに違いないと私は推測しています。しかし、人為の建造物はそれだけです。その小さな人為を、松や杉の針葉樹と落葉・常緑の広葉樹が作り成す深い樹林が包みこんでいます。数百年を経た巨木が、この「平原の幽地」の静寂に、いっそうの厳粛さを添えているかのようです。

先に述べたように、空海が初めてこの「法身の里」に足を踏み入れたとき、辺り一面は純白の雪に荘厳されていました。松や杉の緑、谷川のなかに転がっている岩、それだけが純白の画布の上に描かれた色彩でした。しかし、空海がこの光景を見るのはこのときが初めてではありません。「少年の日」にこの光景のなかに立っていたからこそ、空海はこの地を選んだのです。空海の心には、静かな平安と深い満足が、心地よい温《ぬく》もりとなって広がっていったのではないか、そんなことまで私は想像してみたくなります。

以上で、高野開創初期の段階の「高野」の様子を、おおよそ、再現できたのではないかと思います。最初に建設された「一両の草庵」に座して黙念する空海の姿を、私たちは想像できるのではないでしょうか。この年の春から夏にかけての空海の書簡には、「閑寂」とか、「閑静」という言葉が繰り返し書かれています。空海の心中も、空海を取り巻く世界も、寂然として静まりかえっています。「少年の日」の「高野」が、再び、空海のものになったのです。

5 高野山の意味——遮那《しやな》は阿誰《たれ》の号《な》ぞ、本《もと》是れ我が心王なり

空海が生きた歴史的時間は宝亀五年（七七四）の誕生日から承和《じようわ》二年（八三五）三月二十一日までの約六十一年間です。それが空海に与えられた人としての一生でした。空海は、数え年で六十二歳のとき、高野山で最期の息を引き取ります。後世、空海が不空《ふくう》の生まれ変わりである空海の誕生日を正確に知ることはできません。後世、空海が不空の生まれ変わりであるという伝説が生まれ、不空の命日である六月十五日が空海の誕生日とされるようになりました。しかし、もとよりこれは確かな根拠があってのことではありません。それに対して空海入滅の日は、『続日本後紀』承和二年三月の条に記録されています。

丙寅、大僧都伝灯大法師位空海、紀伊国の禅居に終わる。

「丙寅」は干支による日付で、今の場合は三月二十一日ということになります。「大僧都伝灯大法師」というのは空海死去のときの僧位、官から与えられた称号です。「紀伊国の禅居」というのは言うまでもなく高野山のことです。「禅居」という言い方に注目してください。これは「高野」が修禅の道場であることを、正史の編纂者もはっきり認めていたことを示しています。

同じ『続日本後紀』の承和二年三月二十五日の条には「空海卒伝」と呼ばれる記事が載せられています。空海小伝、とでもいうべき内容のものです。そこには、「自《み》ずから終焉の志有って、紀伊国金剛峯寺に隠居す」、と書かれています。空海は人生の最期を高野山で迎えることを自ら望んでいたらしいのです。そのことは、空海の一生を考えるとき、大変重要な意味を持っていると私は考えています。空海にとって、高野山という場所が、もっとも大切な場所であったことを、それは私たちに教えてくれているからです。

高野山は空海のアルファでありオーメガである、と私は序章で書きました。私が言いたいのは、高野山は空海が空海となるための出発点であり、空海となり得た到達点であった、ということです。そのことは今まで述べてきたことから、読者にも理解してもらえたのではないかと思います。その上で、高野山が空海にとって何であったかを、もう少し広い観点から、歴史の力動的な場に立って、考えてみなければなりません。

現在の日本の首都は東京であり、日本の中心地はその東京を取り巻く「首都圏」です。これは誰でも一応は承認している事実であると思うのですが、この事実にほとんど常に強い心理的反発を示す人々がいます。「近畿圏」の人たちです。歴史的に見ればその人たちの考え方もよく理解できることなのです。なぜなら、徳川家康が江戸に幕府を開く四百年前までは、つまり秀吉の時代までは、間違いなく、現在の「近畿圏」が日本の中心地だったからです。

しかし、東京圏が名実ともに日本の中心地になるのは、徳川時代ではなく、明治になってからでした。徳川政権の成立によって確かに江戸が日本の政治的中心になったことは間違いありませんが、経済・文化ということになれば江戸・大坂という二極構造が、長い間維持されて現在に至ります。政治的に見てさえ、江戸に一元的に集約されていたのではなかったということは、いわゆる「明治維新」の経過を考えてみればよくわかります。

小学生でも知っているこんな簡単な歴史の復習を私がここでしているのは、私にある仮説があるからです。その仮説とは、近畿人の東京への反発や対抗意識に見られるように、人は誰でも、自分自身の位置を、その時代その時代の中心と認知された場所との関係で測定しつつ生きているのではないか、ということです。この場合の中心は、単に政治・経済的な関係についてだけ言えることではなく、文化的・精神的な関係での中心でもあります。

人の生活空間には、そのような中心があって、その中心を極として一つの力学的場が形成されています。したがって、ある人の生活なり、思想なりを考えるときには、その人がどのような中心を意識し、どのような力学的場を生きていたかということも見ておく必要があります。

そこで、以下、空海に即してその問題を考えてみたいと思います。

空海が生きた時代は、今言うところの「近畿圏」(当時は「畿内」と呼ばれていました)が、明確に日本の中心地として確立された時代でした。そういう意味では、空海の生きた時代は、明治時代によく似た歴史的意味を持っているというのが私の考えです。

私たちが生きている今日の日本は、明治政府という極めて強力な政権の西洋文明の積極的受容という政策を核として形作られました。今日の私たちの日常的な生活の有りようも、さらには私たちの考え方、感じ方に至るまで、明治政府の推し進めた欧化政策を抜きには考えられません。それは思いのほか深刻に現代の日本人の生活を規定しています。

明治の欧化政策は、日本が西欧と初めて接触しておよそ三百年後に策定された政策でした。鎖国政策が日本を完全に孤立させたということがよく言われます。これを文字通りに解釈するとすれば、それは間違いです。徳川政権が鎖国政策をとり、その時代に日本人の狭い「島国根性」とか郷土意識が形成されたということは事実です。しかし、日本という国が全体として世界に向かって自らを閉ざしていたと考えてはなりません。日本は西欧自身の西欧化、つまり近代化と並行して、西欧と同じ世界史を生きています。

ところで、西欧が本当の意味で西欧となるのは、アメリカ独立とフランス革命以後のことだと私は考えています。この二つの事件が世界史上の明確な「近代」の始まりを標示するものです。この世界史の大転換の衝撃はインド洋と太平洋を経て、東アジアにまでも届きます。「明治国家」は、その衝撃に対して、日本人が示した応答の姿なのです。良かれ悪しかれ、それがアジアのアジア自身による「近代化」の先陣を切ることになります。多くのアジア諸国が試行錯誤を繰り返し、失敗を重ねているときに、なぜ日本人は、かくも機敏に、歴史の転換を生き抜くことができたのでしょうか。

私の答えは、それを武士階級の儒教道徳に求めたり、徳川時代を通じての日本社会の内発的な成熟に求めるものではありません。私は、日本が同じような歴史的危機をかつて一度体験しており、その体験を成功裏に新しい状況のなかで生かすことができたからだ、と考えます。七世紀から後の隋・唐王朝を中心に形成された東アジア国際社会のなかで、日本人が初めて自らの国家と文化の形を整えてゆくプロセスのなかに、その歴史的体験は求められます。百済をめぐって唐・新羅連合軍を相手に戦った戦争と、その戦争における敗北がその歴史的プロセスの端緒でした。歴史上「白村江《はくそんこう》の戦い」と呼ばれている戦争です。

その戦いは、日本という国家が経験した初めての国際戦争でした。新しい時代が来ていることを(実はまだ「日本」という国家はこの時点で成立していないのですが)日本人が痛感したのはそのときではなかったでしょうか。そのときから、真剣な自己改革が始まります。唐をモデルとした「近代化」がそれです。その自己改革の運動が最終局面を迎えるのが九世紀初め、桓武から嵯峨に至る時代だと私は考えています。この段階になって初めて、日本という国が、一人の皇帝と一つの皇都を持ち、一つの法体系と一つの官僚組織によって、実効的に統治されるようになるのです。

いわゆる「古代律令体制」は奈良時代初期において完成され、以後はそれが崩壊してゆく過程だと言われます。しかしそれはあまりにも表面的な見方ではないでしょうか。むしろ、私は、奈良時代の試行錯誤と混乱を経て、日本的律令体制が確立されるのは、桓武時代、平安京に都が移転されて以後のことではないかと思います。私の見方が正しいかどうか、それは今は問いません。しかし、そのような時代に、空海という人間が生まれたのだと私は考えているのです。

少々、話が脱線したかも知れませんが、私が確認しておきたかったことは、空海の時代が、ある意味では明治時代に匹敵する大きな変革と建設の時代だったということです。そして何よりも、平安京、つまり現在の京都が、政治的に見ても、経済的に見ても、文化的に見ても、日本の首都として機能し始める時代でした。

奈良時代以前には、実質的に、首都というものは存在していません。天皇の代が替わるごとに「宮処《みやこ》」（天皇の在所）は移動していました。藤原京から平城京へと、ようやく首都の名に値するものが出現しようとはしていました。しかし、平城京の時代においてすら、都は聖武天皇とともに、山城の恭仁《くに》、近江の紫香楽《しがらき》、摂津の難波《なにわ》、そして再び紫香楽へと動いているのです。九州にも、東北地方にも大きな勢力が存在して、中央の支配に対抗していました。九州が畿内の政権によって完全に掌握されたのは天平十七年（七四五）、藤原広嗣の反乱から生じた混乱が終息し、都が平城京に復帰し、大宰府が回復されたときでした。東北の「蝦夷《えぞ》」と呼ばれた勢力が国家としての「日本」に屈伏するのは、坂上田村麻呂の軍勢に「蝦夷」の指導者アテルイ（阿氐流為）が降伏した延暦二十一年（八〇二）、桓武帝の晩年まで待たなければなりませんでした。

平安京の歴史的意味は何かと問われるならば、それは名実ともに、中心、あるいは帝都というものが日本に出現したということである、と答えなければなりません。空海の生きた時代を一言で規定するとすれば、日本に決定的な形で首都が出現した時代だった、と言えばよいかと思います。首都とは、中心の存在と所在を誰の目にも明らかに示す指標です。以後、日本国の歴史は、この平安京を中核として動き始めるのです。

空海は、この中心の意味を確実に捉えていました。結論を先取りして言えば、空海が建設しようとした高野山は、平安京という中心に対する反中心、それと拮抗する新しい中心としての価値を担うべき場所であった、というのが私の考えです。高野山は平安京という中心の出現をことさらに確認するものでありましたが、それと同時に、その確立された中心に対抗しながら、新しい原理によってそれを脱中心化するために、空海によって措定された場所でもあったのです。それは、日本という国家の中心である平安京に対して、宇宙と大自然の中心、人間を超え、人間を包みこむものの中心、密教的ターミノロジーを使って言えば「法身大日如来」の首都として定められた場所でした。

遮那《しやな》は中央に坐す　ビルシャナ（大日）が中央に座っている
遮那は阿誰《たれ》の号《な》ぞ　ビルシャナとは誰の名前であるのか
本《もと》是れ我が心王なり　本を質せば、それは我が心中の王のこと
三密、刹土に遍く　三密［身体・言語・精神］はこの世界に遍く存在し
虚空、道場を厳《かざ》る　虚空が修行の道場を飾っている
山毫《さんごう》、溟墨を点じ　山と海、それは筆と硯《すずり》のようなもの
乾坤《けんこん》は経籍の箱なり　天地は経典の入った箱である

（『性霊集』巻第一「山に遊びて仙を慕う」）

中央に坐るビルシャナ、それは単に曼荼羅の中央に描かれているから「中央に坐す」、と言われるのではありません。なぜなら、ビルシャナとは私たちの心に他ならないからです。我が身のなかに座を占める我が心。これこそが真実の中心なのです。つまり、マクロな世界を象徴するビルシャナと、ミクロな我が心の世界は互いに渉入し、深く結ばれているというのです。ビルシャナ即我《われ》、我即ビルシャナという境位がそこに開かれているのです。そうしてみると、世界はそのままに書跡であり、書物である、つまり作品でありテクストであるというのです。

この私の小さな身体は孤立した身体ではなく、そのままに普遍的な世界に繋がる存在であるという発見、私はそれが空海の密教のもっとも重要なポイントだと思います。そのままでは限りなく小さな私という存在が、そのままに、即身に、ビルシャナでありうるのだという、大きな価値転換へと空海の密教は私たちを今もいざなっているのです。それが、空海の見出した新しい原理であり、新しい中心でした。

こうして高野山は、平安京との緊張関係のなかで、空海が新しく見出した精神的宇宙の中心の、具体的現れとしての価値を付与されることになります。空海の設計に忠実に従う高野山伽藍の中心には、その新しい中心のシンボルである多宝塔が建てられています。この多宝塔は、そこで何らかの宗教儀礼が執り行われる場所ではありません。それは、ビルシャナ即我心として捉えられた新しい中心のシンボルとして、そこに建てられているのです。

空海の宗教的体験については、後でお話ししますが、その要諦を一言で言うならば、宇宙的生命との全身的一体化でした。空海が「修禅」と言うとき、それは、その根源的な宗教的体験を改めて追体験すること以外の何ものでもありません。そのことを通じて、人は生命の原初の感覚、自己と自己を取り巻く一切の存在との始源的一体感を回復することができると空海は考えます。それがなければ、皇帝も、平安京も、それを中心として営まれる人間のあらゆる生活が意味を失う、と空海は考えます。その存在の根源、その存在の中心、それを指し示す場所こそが空海の言う「法身の里」、つまり新しく開かれた高野山なのです。

第二章

空海前半生の軌跡

1　福江島柏崎にて——既にして本涯を辞す

長崎県五島列島の南端の島、福江島の、その北西端の岬に一つの石碑が立っています。碑文はただ大きく三文字、「辞本涯」。「本涯を辞す」と読むのでしょう。石碑に向かえば、狭い海峡を挟んで、姫島と呼ばれる今は無人の岩島が間近に迫り、目を左側、西の方に転じれば、強い風にむち打たれて白馬の走る茫漠たる海面が広がっています。ここは地の果て、この地に立てば誰もがそう感じるにちがいありません。

私がその岬を初めて訪れたのはもう数年前のことになります。空海の立った場所に自分も立ってみたい、そういう思いにかられて、私は空海の足跡を求めて旅に出るようになりました。そのときも広島でのフランス文学会に参加した足を長崎まで延ばしたのでしたが、その岬までの距離は予想した以上に遠いものでした。

姫島と柏崎との間の狭い海峡から東シナ海の広漠たる大海原に向かって、空海の乗った遣唐使船が帆を揚げたのは、今を去ることおよそ千二百年前、正確には延暦二十三年七月六日、ユリウス暦で言えば八〇四年八月九日のことでした。

その岬から見る東シナ海は、素っ気ないほどに単純明快な空間でした。海と空、青い水と青い光、その二つの青を包み込む虚空、あるものはそれだけです。よく見れば目の高さに、あるかなきかの円弧がその二つの青の世界を分けていました。船上から後ろを振り返れば、海の上に現れた蜃気楼のように、遠ざかってゆく島影が波間に浮かんで見えたことでしょう。空海とともにその船上に我が身を置いたとき、「本涯を辞す」、というその言葉が深い感動となって、衝撃波のように私の心を激しく揺り動かしました。

「辞本涯」の三文字が空海の文章から取られたものであることはすぐにわかりました。その文章とは『性霊集』巻五に収める「大使の為に福州の観察使に与うる書」です。出航の直後に激しい風雨に翻弄され、ようやくの思いで到着した福州では、いつまでも上陸許可が与えられませんでした。そういう状況のなかで、空海が大使藤原葛野麻呂《かどのまろ》に代わって、福州観察使の閻済美《えんさいび》に提出した、それは一種の嘆願書です。それはまた、『聾瞽指帰』や『三教指帰』以後、私たちが初めて読むことのできる空海の文章でもあります。

> 賀能《かのう》等、身を忘れて命を銜《ふく》み、死を冒して海に入る。既にして本涯を辞し、中途に及ぶ比《ころ》、暴風帆を穿《うが》ち、戕風《しょうふう》柁《かじ》を折る。高波漢に沃《そそ》ぎ、短舟裔々《えいえい》たり。

原文では四字句の積み重なりが生み出す軽快なリズムが、そこに描かれている危難を忘れさせてしまうほどの名文です。

「賀能」はこのときの遣唐大使、藤原葛野麻呂の漢名。「戕風」というのは暴風、「漢」とは天空、「裔々」とは舟が風と波に翻弄されている様子を、表現する言葉です。「本涯」の「涯」は「海辺のガケ」（因みに「崖」は「山のガケ」）、海岸あるいは河岸の切り立った岩壁を表す、と漢和字典に出ていますが、柏崎の岩壁はまさに「涯」という文字にふさわしいと思いました。

しかし、その岬に立ってこの三文字を読んだときに私を揺り動かした感動は、「自分の祖国を離れる」という事態がそこにみごとに造形されていたからだけではありません。何かもっと奥深くから突き上げてくる空海の思いがそこに凝縮されている、ということに気付かされたからでした。今になって思えば、眼前の東シナ海の光景が、それまでぼんやり感じていたものに形を与えるための、触媒となって働いたのかも知れません。

想像裡に空海とともに船上に立ち、遠ざかってゆく「本涯」を見たとき、私の脳裏にはここに至るまでの空海の前半生の全体が思い出されていました。故郷から都へ、都から山へ、日本から唐へ、これはまさに「辞本涯」の連続ではなかったか。自らを慈しみ育ててくれた両親と故郷を去り、自分を教育してくれた舅《おじ》と大学を去り、歩き親しんだ日本の山河をも捨てて、自分はなぜこうも繰り返し「本涯」から身を引き離すことばかりやってきたのだろうか。何が自分をこうも駆り立てるのか、空海とともに私は考えました。

「辞」という文字の連想で、「親を辞して師に就き、飾を落として道に入る」（辞親就師、落飾入道)という四字対句が思い出されました。それは空海がやがて師と選ぶ恵果《けいか》の生涯を述べる文章(『性霊集』巻二「大唐神都青龍寺故三朝国師灌頂阿闍梨恵果和尚の碑」)に現れる一節です。「辞親就師、落飾入道」。そうか、「辞親」はすなわち「就師」であり、「落飾」はすなわち「入道」ではないか。それでは「辞本涯」はどうか、と自問自答する時間の経過は実際にはなかったと思います。私の記憶の底から、「還源」という二つの文字が湧き出してきました。それが「辞本涯」の字間に揺れ、それと一つに重なり、やがてそれを覆い尽くすようにして、私の目の前に大きく立ち現れてきました。私は遂に空海心中の秘密をこの手に摑んだと、その瞬間に思いました。

弟子空海、性薫《せいくん》我を勧めて、還源《かんげん》を思いと為す。径路未だ知らず、岐《ちまた》に臨んで幾たびか泣く。(『性霊集』巻七「四恩の奉為《おんため》に二部の大曼荼羅を造る願文」)

あえて注釈はしません。注釈などなくても、その意とするところは、詩となって文面に明らかに現れていると思います。ただ、それが自らの半生をふり返る空海自身の言葉であった、ということだけを確認しておきたいと思います。

空海の「辞本涯」に至る経歴が「還源」、「源《みなもと》に還《かえ》る」ための行路であったのだという発見、それが私の心を揺り動かしたものでした。「本涯」を離れる道は、そのまま「源に還る」道であるという大転換、それが空海の前半生を理解するために私の見出した鍵なのです。私の空海研究はそのとき、確かな目標を捉えることができたのです。

故郷を離れて後の、長安に留学するまでの空海の足跡についてはこの後すぐにお話ししますが、それは「本涯」を離れつつ、時代の中心へ、中心へと向かう歩みであったことも一つの事実です。それは立身出世の道であったとも言えましょう。しかし、それを導いていたものは、決して立身出世の願望というようなものではありませんでした。あるいは最初はそうであったかも知れません。しかし、それはいつしか「還源の思い」へと転換され、時代の中心へと向かう運動は、メビウスの帯の上に引かれる線のように、いつのまにか別の次元に転換されて、もう一つ別次元の中心、自己存在の根源へと向かう運動に変わっていたのです。

2　空白の多い履歴書――岐に臨んで幾たびか泣く

空海の入唐留学に至るまでの前半生について知られていることは何でしょうか。それを確認するところから、私の探求を続けたいと思います。調べてみますと、ほとんど何もわかっていない、というのが実情なのです。私が調べた限りで、これはまず間違いない、と思われる事柄を箇条書きにして書き出してみましょう。それぞれに簡単なコメントを加えておきます。項目は多くありませんが、番号（1〜6）を振っておきます。なお、以下の記述で、『続紀』とあるのは『続日本紀』、『続後紀』とあるのは『続日本後紀』の略称です。

1　宝亀五年（七七四）讃岐国《さぬきのくに》多度郡《たどのこおり》に生まれる。父は佐伯直田公《さえきのあたいたきみ》、母は阿刀氏《あとのうじ》。

すでに第一章で述べたように、空海の誕生日は残念ながらわかりません。後世、不空の入滅した六月十五日をもって空海の誕生日とする伝承が成立しますが、それには何の根拠もありません。他方、宝亀五年誕生の事実は、後に述べるように（一九六頁）「中寿感興詩」を手がかりとして確認できます。

何人かの兄弟姉妹があったことは確かですが、それも詳細は不明です。『三代実録』貞観三年（八六一）十一月十一日条に記載される記事のなかに、田公の男子として鈴伎麻呂《すずきまろ》、酒麻呂《さかまろ》、魚主《うおぬし》の名が見えますから、これらの人物が空海の兄弟であることは間違いありません。また、後で少し話題になる真雅《しんが》という名の弟子は、空海の実弟だとされています。空海の愛弟子に智泉《ちせん》という若くして死んだお坊さんがいますが、その智泉の母は空海の姉だとされています。兄弟姉妹についてわかっていることはこのぐらいです。

2　延暦七年（七八八）　十五歳

表舅《ひょうきゅう》（母方のおじ）である阿刀大足《あとのおおたり》に就いて文章を学ぶ。

これは『続後紀』承和二年三月二十一日条記載の「空海卒伝」に拠《よ》ったものです。その本文は、「年十五にして舅の従五位下阿刀宿禰大足に就き文書を読み習う」。『三教指帰』「序」にもほぼ同じことが書かれています。その本文は「志学にして外氏《がいし》阿《あ》の二千石文学《にせんごくぶんがく》の舅に就き、伏膺鑽仰《ふくようさんぎょう》す」。この他にこれと同じことに言及した記録としては、『文鏡秘府論』の「序文」に記された「貧道、幼くして、表舅に就きて頗《すこぶ》る藻麗を学び、長じて西秦に入りてほぼ余論を聴く」という短い一節があります。

3　延暦十年（七九一）　十八歳

大学に入学する。

このことについては後で詳しく論じたいと思いますので、ここでは典拠となる史料についてだけ簡単に書いておきます。『続後紀』の「空海卒伝」には「十八にして槐市《かいし》に遊学す」、『三教指帰』「序」には「二九《にく》にして槐市に遊聴す」とあり、『性霊集』「序」（承和二年頃、真済撰）には「青襟《せいきん》にして槐林《かいりん》の春秋を摘み」とあり、『贈大僧正空海和上伝記』

（寛平七年、無名の貞観寺座主撰、以下『伝記』と略称）には「十年、幸いに槐市に遊聴し、経籍を歴学す。時に年十八」とあります。

『御遺告』など後世の史料には大学で教えを受けた先生として味酒浄成《きよなり》、岡田牛養《うしかい》の名が出ていますが、そのままに信用することはできません。しかし、『続紀』延暦十年十二月十日条に、「讃岐国寒川《さんがわ》郡の人、左婆部首《さばべのおびと》牛養」なる者が居住地の「岡田村」の名を取って「岡田臣」姓の下賜を願い出て許され、併せてこの新規に岡田臣牛養となった者が大学の博士に任命された、という記事が見えます。延暦十年と言えば、まさに空海が大学に入学した年です。従って空海が岡田博士に学んだことは大いにありうることです。

4　延暦十六年（七九七）二十四歳

『聾瞽指帰』一巻を書く（後に序文等を書き改め『三教指帰』三巻とする）。その後、一の沙門より求聞持法を受け、四国の大瀧岳と室戸岬で修行する。

これについても後で詳しく説明します。根拠となる史料は、『聾瞽指帰』三巻の空海自筆本と言われるものが残っていることです（金剛峯寺蔵）。これは国宝に指定されているものですが、空海真筆を疑う見解も出されています。しかし、たとえ転写本であるとしても、その文章が空海の作品であることは疑い得ない事実です。

5　延暦二十三年（八〇四）三十一歳

得度《とくど》。引き続いて東大寺戒壇院で受戒。

「得度」とは正式に出家して、一定の寺院に所属し、国の僧籍に登録され、正規の僧としての生活を始めることを言います。本来ならば、それを証明する「度牒」または「度縁」が発行されたはずなのですが、それは残っていません。空海がいつ出家したかという問題は平安末期から大きな論点になって現在に及んでいますが、未だに決着を見ていません。

得度に関しては、「卒伝」に「年三十一にして得度す」という記事が出ています。この得度記事は、大学入学および求聞持法の記事と違って『三教指帰』「序」には出ていません。『続後紀』独自の記事です。つまり、何らかの公文書に基づいた記事だと推定されます。

また、後で述べるように「卒伝」と密接な関係が想定される『伝記』には、「延暦二十三年四月九日、東大寺戒壇院にて具足戒を受く」と明記されています。

6　同年

留学僧に選任され、遣唐使（大使は藤原葛野麻呂）に随行して入唐する。

「卒伝」に「延暦二十三年、入唐留学」と書かれています。「卒伝」のこの記事も、何らかの公文書に基づくものと推定されます。この他にも、第三章で詳しく取りあげることになる『請来目録《しょうらいもくろく》』を含めて空海の書いた文章のなかに、延暦二十三年の入唐留学は頻繁に言及されています。その具体例として、本章でもこの後、「福州の観察使に与えて入京する啓」などを引用して、空海の留学生としての資格、留学年限などを確認したいと考えています。

自らの前半生に関して空海は極めて寡黙なのですが、先の求聞持法に関することを除けば、入唐留学はその唯一の例外です。空海にとってそれが大きな事件であったということは、そのことだけを見てもよくわかることなのですが、今までは留学の成果にばかり目が向けられてきた恨みがあります。本章では、留学を志願する経緯や理由にまで踏み込んで、空海の留学問題を考えてみたいと思います。

以上が、誕生から入唐留学までの空海の前半生に関して、確実に私たちが知り得ることのすべてです。項目にしてわずかに六項目、最後の5、6は一連のものですので実際上は五項目にすぎません。誕生のことを除けば、十五歳の阿刀大足への就学、十八歳の大学入学とそれに続く仏道修行、二十四歳の『聾瞽指帰』執筆と『三教指帰』への再編、そして三十一歳の入唐留学、これだけです。あまりにも空白の多い履歴書と言わなければなりません。

空海の前半生は今述べたようにわからないことばかりなのですが、そのなかでも重要な問題をはらんでいると思われる二、三の事柄があります。『聾瞽指帰』と『三教指帰』との関係、求聞持法との出会い、得度・受戒と留学僧選任の経緯に関する問題などがそれです。これらの問題はすべて未解決の問題なのですが、宮坂宥勝、上山春平、高木訷元、松長有慶、武内孝善諸氏の研究によって多くのことが解明されつつあります。しかし、最終的な結論を得るには至っていません。空海研究にはまだまだ多くの課題が残されているのです。

本題に入る前に、ここでどうしても空海前半生に関する史料の問題について少しお話ししておかなければなりません。空海の履歴の空白を埋める努力は、十二世紀の済暹《さいせん》（一〇二五～一一一五）から現在に至るまで、営々として積み重ねられています。済暹は今ふうに数えて満九十歳まで生きた長寿の人で、空海に関する本格的研究を生涯にわたって行った人物です。弘法大師の入滅（身体的死）を認めず、生きてこの世に留まっているという「入定《にゅうじょう》」説を強く主張し、いわばそれを理論化した人としても有名です（『弘法大師御入定勘決記』）。済暹は、『続後紀』とか空海の著作に基づいて空海研究を行った人で、その方法論は今でも評価すべき点を多く持っています。特に、散逸した『性霊集』の三巻分を補うために『補闕抄』三巻を編纂した点で、空海研究史上忘れてはならない存在です。しかし、その『補闕抄』は、済暹の研究態度の大きな欠点を、同時に示してもいるのです。それは、史料に対する態度ではなく、テクストに対する態度に現れています。

ここで私が「テクストに対する態度」と言ったのは、史料なり文献なりの全体としての信頼性がどうであるかということを問題にする態度ではなく（その点では入定観から来る制約を別にすれば、済暹の態度は現在でも通用する立派なものだと思います）、史料や文献の内部構造、文体や措辞、他の史料・文献との関係、想定される発信・受信関係の分析など、テクストをめぐる諸関係に対する意識的態度を言います。残念ながらその点では、済暹は私たちの反面教師たらざるをえません。

済暹を例として出しましたが、それは単に済暹だけに留まるものではありません。歴史的方法においては自覚的であっても、テクストそのものに対する同じように鋭い批判精神をもって史料・文献に対している空海研究者は数えるほどしかいない、というのが私の率直な感想です。そういう状況ですので、空海研究書を読むときの一つの指標として、私は二つの基準を設けています。一つは言うまでもなく史料に対して学問的態度を維持しているかどうか、そしてもう一つは選ばれた史料・文献を読む読み方が、現在のテクスト研究の成果を踏まえているかどうか、この二点です。

さらに私自身は、テクスト研究に血を通わせるためには、どうしても欠かすことのできない現地調査を加えます。私はそれを映画手法の言葉を借りて「ロケ」と呼んでいます。文化人類学のフィールドワークと共通する部分はありますが、同じではありません。私の「ロケ」は、現実の生活空間のなかにテクストの読みを組み込むための手法です。その手法は本書では随所に用いられております。

以上のことを確認した上で、私の空海研究において、特に今は空海の前半生が問題ですので、その前半生を考える上で基本となる史料と文献について、以下、ごく簡単に紹介しておきたいと思います。

まず「空海伝」として『続日本後紀』の「卒伝」（以下「卒伝」と略称）、それに年代的には続くものですが源泉はほぼ同じ所に求めてよいと考えられる、無名の貞観寺《じょうがんじ》座主《ざす》による『贈大僧正空海和上伝記』（以下『伝記』と略称）。この二つが基本となる同時代史料です。

司馬遼太郎の『空海の風景』を含めて、空海評伝の種本としてしばしば用いられる『御《ご》遺告《ゆいごう》』および経範の『弘法大師御行状集記』（一〇八九年成立）、さらには兼意の『弘法大師御伝』（十二世紀始め頃成立）、聖賢の『高野大師御広伝』（一一一八年成立）をはじめとして、江戸時代の得仁の『弘法大師年譜』に至るまでの諸文献は、平安末以降の高野山史、空海研究史を窺うには貴重な資料ですが、私の空海探求にはまったく役に立ちません。したがって、本書において言及されることはありません。

それに対して空海自身の著作は、先に挙げた基本史料以上に、私にとっては不可欠の文献です。むしろ、私の空海探求にとっては、それこそが第一義的に重要な、そして信頼に値する文献である、と言っても過言ではありません。特に、空海前半生に関しては、『聾瞽指帰』『三教指帰』『性霊集』が重要にして不可欠です。後半生に関しては、さらに『高野雑筆集』が重要です。これらの文献中に散見する記事を相互に比較検討すれば、空海の青年期の足跡が、今までよりはもう少し明確になり、うまくゆけば空海の履歴書の空白を埋められるかも知れないと期待できます。

なかでも、求聞持法との出会いは、空海という人物を考えるときには決定的な重要性を持っている、と私は考えています。日本の歴史のなかに空海という人物が誕生するのは、実は、佐伯直《さえきのあたい》田公《たきみ》という地方豪族の男子（伝説では「真魚《まお》」という名であったというのですが、確認する史料が欠けています）が呱々《ここ》の声をあげたときではなく、その男子が成長して都に出てから後のある日、ある一人の沙門に求聞持法を伝授されたときであったのです。本章ではその問題を大学入学の問題と合わせて、「求聞持法との出会い」という主題のもとに考えてみたいと思います。

また、先にも少し触れたことですが、私は空海の入唐留学は空海自身の志願に基づくと考えています。それは求聞持法との出会いによって決定的に踏み出された空海の自己探求の歩みのなかで、空海が行った最後の選択であり、大きな賭けであったと考えているからです。そのような視点から、この問題を「入唐留学の顚末」という主題を立ててもう一度再検討してみたいと思います。

空海研究者にはよく知られていることですが、「卒伝」と『三教指帰』「序」（以下「序」と略称）は非常によく似た部分を含んでいます。それが原因でいろいろな問題が提起され、議論されてきたのですが、最近では「序」は空海が書いたものではなく、「卒伝」の記事などを使って後世に作られた仮託の文章ではないかという説が出されるまでになっています。もしこの説の言うように「序」が「卒伝」に基づくのならば、「卒伝」は何に基づいてその記事を書いたのか、という新たな問題も生じることになります。事態は混沌として、これだけは大丈夫と言われていた基本史料の「卒伝」の信頼性にも、全体に靄《もや》がかかってきそうな勢いなのです。

私としては、史料・文献の関係を一度整理してからでないと、一歩も進めない窮地に陥ったという切なる思いがあります。特に、「卒伝」と「序」の関係がどうであるか、「序」

の偽撰説は本当に正しいのか、という問題だけはどうしても解決しておかなければならないのです。先に出した『伝記』の史料的価値を検討することで、私は偽撰説に対して否定的立場を採ろうと思います。それに付随して、「序」がいつ書かれたのかという問題に関しても、私の考えを示すつもりです。

3　求聞持法との出会い――二九にして槐市に遊聴す

それでは大学入学と求聞持法をめぐる問題から始めることにしましょう。まず、基本的参照テクストである「卒伝」を書き出しておきます。説明の便宜のために、例によって段落番号をつけています。

①法師は、讃岐国多度郡の人なり。俗姓は佐伯直《さえきのあたい》。
②年十五にして舅の従五位下阿刀宿禰大足に就き、文書を読み習う。
③十八にして槐市に遊学す。
④時に一の沙門有って、虚空蔵求聞持の法を呈示す。其の経に説かく、若《も》し人、法に依りてこの真言を一百万遍読まば、乃ち一切教法の文義を暗記するを得《う》、と。是《ここ》において、大聖の誠言を信じて、飛焰を鑽燧《さんすい》に望み、阿波の国大瀧嶽《たいりゅうたけ》に攀躋《はんせい》し、土佐の

国室戸崎《むろと》に勤念《きんねん》す。幽谷声《ゆうこくこえ》に応《こた》え、明星影《めいせいかげ》を来《きた》す。
⑤此れより、慧解《えかい》、日に新たなり。
⑥筆を下せば文を成す。世に伝う三教論は、是れ信宿の間に撰する所なり。
⑦書法に在りては最もその妙を得たり。張芝《ちょうし》と名を斉《ひと》しくし、草聖と称せらる。
⑧年三十一にして得度す。
⑨延暦二十三年、入唐留学。青龍寺《せいりゅうじ》の恵果和尚に遇《あ》い、真言を稟《う》け学ぶ。その宗旨の義味、該通せざる莫《な》し。遂に法宝を懐《いだ》いて、本朝に帰来し、秘密の門を啓《ひら》き、大日の化《け》を弘む。
⑩天長元年少僧都に任じ、七年大僧都に転ず。
⑪自ずから終焉の志《こころざし》有りて、紀伊の国金剛峯寺に隠居す。
⑫化去《けきょ》の時、年六十三なり（六十二の誤り）。

この「卒伝」は、実は、性格の異なった二種類の文書を基礎として構成されています。一つは公文書、もう一つは私文書です。戸籍とか僧籍のように国家が管理する文書、叙任・叙位などの国家的人事行為の記録が、ここで「公文書」と呼んでいるものです。これらは事実を記録し、もって国家の統治の基礎とするものですから、ごく普通に考えて、客観的性格を有するものと考えてよいでしょう。それに対して、「私文書」とは、個人の著作・日記・書簡などであって、それを書いた個人の立場とか考え方が強く反映している、公文書とは対比的に主観的性格の顕著な文書のことです。

さて、公文書に基礎を置くと思われる部分を仮に「公」と符号化し、私文書に基づくと思われるものを「私」と符号化して、「卒伝」の各段落を分類すると次のようになります。

「公」の部分――①⑧⑨⑩⑪⑫

「私」の部分――②③④⑤⑥⑦

つまり、全体として語られている十二の項目のうち、ちょうど半数が「私文書」に基礎を置く記述なのです。項目では同じ半数ですが、「公」の部分の記述はおおむね簡略なのに対して、「私」の部分は④の虚空蔵求聞持法の記事が突出して詳細であるために、文字数からすれば「私」部分が「公」部分を圧倒しています。

「公」「私」弁別の根拠を示しておきますと、まず「公」の部分の①、⑧、⑩、⑫は戸籍または僧籍、⑨は『請来目録』(これは空海が書いたものですが朝廷への上表文ですので立派な公文書です)、⑪は『日本紀略』天長八年六月十四日の条に載せる上表文(『補闕抄』巻九「大僧都空海疾《やまい》に嬰《かか》って上表して職を辞する奏状」)です。次に「私」に分類されるものの内、②~④は『三教指帰』「序」、⑤、⑥、⑦は出所不明です。この出所不明部分は後で検討しますが、「卒伝」記者の判断、または知識に基づく記述と思われます。全体の構成を見ますと、「公」の①と⑧以下の間に「私」の②〜⑦がまとまって挿入された形になっています。

次に「卒伝」と「序」とを比べてみるために、「序」の対応する部分を次に引用しておきましょう。対応する部分には同じ段落番号を□で囲んで示してあります。

[2]余《われ》、年《とし》志学にして外氏阿二千石文学の舅《きゅう》に就き伏膺、鑽仰す。

[3]二九にして槐市に遊聴す。雪蛍《せっけい》を猶《なお》怠るに拉《とりひし》ぎ、縄錐《じょうすい》の勤めざるに怒る。

[4]爰《ここ》に一の沙門有って、余に虚空蔵求聞持の法を示す。其の経に説かく、若し人、法に依ってこの真言一百万遍を誦すれば、即ち一切の教法の文義を暗記することを得《う》、と。焉《ここ》において、大聖の誠言を信じ、飛焔を鑽燧《さんすい》に望む。阿国大瀧嶽に躋攀《せいはん》し、土州室戸崎に勤念す。谷《たに》響きを惜しまず、明星《めいせい》影を来《きた》す。

[5]遂に乃ち、朝市《ちょうし》の栄華、念々に之《これ》を厭い、巌藪《げんそう》の煙霞《えんか》、日夕《じっせき》に之を飢《もと》む。軽肥の流水を看ては則ち電幻の歎き忽ちに起こり、支離の懸鶉《けんじゅん》を見ては則ち因果の哀れ休《や》まず。目に触れて我を勧む。誰か能《よ》く風を係《つな》がん。

「卒伝」と比べて違っているのは、まず[2]と[3]の年齢の表現方法です。しかし、「志学」はもちろん『論語』に出る句で十五歳を意味し、「二九」は二十九ではなく、二×九＝十八歳のことですから、実質的に異なっているわけではありません。[3]の「雪蛍を猶怠るに拉ぎ、縄錐の勤めざるに怒る」という部分は「卒伝」③にはありません。ここにはある一つの意味が隠されていると私は見るのですが、そのことは後で述べます。

[4]の節はまったく逐字的に対応しているように見えます。しかし、細かい文字の違いに注目してみましょう。「序」の方が「爰《ここ》に一の沙門有って」となっているところ、「卒伝」では「時に一の沙門有って」となっていて、微妙な違いを見せています。何でもない違いのようですが、先の[3]の部分と併せ読むと、実は大きな違いが隠されていることに気付かされます。また、地名の表現も異なっています。「序」では「阿国大瀧嶽」「土州室戸崎」が、「卒伝」では「阿波国大瀧之嶽」「土佐国室戸之崎」となっていることにも注意しておきましょう（この引用個所はそれぞれ原文に戻してあります）。「序」の「躋攀」が「卒伝」では「攀躋」と転倒しているのですが、それはむしろご愛敬でしょう。「卒伝」の⑤と「序」の[5]はまったく異なる文面となっています。

次に全体の文の流れ、論旨の構成に注目してみましょう。「序」では「槐市に遊聴す」に続いて「雪蛍を猶怠るに拉ぎ、縄錐の勤めざるに怒る」という風に、「槐市」における猛勉強ぶりが述べられています。そして、次の文は「爰に」と続けられるわけですから、そこにはおのずとある時間の経過が感じ取れるばかりか、空海の勉強ぶりが私たちにも実感をもって迫ってきます。「卒伝」では、「十八にして槐市に遊学す」に続いてすぐに、

「時に」と続いています。この「時に」は、「その時に」の意味ですから、「遊学槐市」との間に時間の経過が感じられません。「槐市」における空海の「雪蛍を猶怠るに拉ぎ、縄錐の勤めざるに怒る」という勉強ぶりは、「卒伝」の筆者の視野からは完全に消えていると見るべきでしょう。

「卒伝」と「序」の、これらの違いを考える上で興味深いのが、貞観寺座主の書き残したと言われる『伝記』の記事です。『伝記』の対応する記事も「卒伝」と同じ③〜⑤で示します。

③（延暦）十年、幸いに槐市に遊聴し、経籍を歴学す。時に年十八。

④その後、心中に漸《ようや》く避世の志有りて、沙門に就いて虚空蔵求聞持の法を学ぶ。遂に学門を出でて、山林を経行す。或いは阿波の大瀧嶽に躋《のぼ》り、土佐の室戸崎に勤《つと》む。谷響きを惜しまず、明星影を来す。

⑤既に法験《ほうげん》を蒙り、始めて成就を得たり。

ここに書かれている事柄の順序は「序」と同じ（従って「卒伝」とも同じ）です。それぞれの事柄に対応する年齢も同じです。特に、③の「遊聴槐市」、④の最後の部分「谷不惜響」や「明星来影」という四字句は、「序」とまったく同じものが使われています。「序」の「阿国大瀧嶽」が「阿波大瀧嶽」に、「土州室戸崎」が「土佐室戸崎」に変わっていて、

「卒伝」の「阿波国大瀧之嶽」、「土佐国室戸之崎」に親近感を示している所は注目すべき点です。また、「その後、心中に漸く避世の志有りて」とか、「遂に学門を出でて、山林を経行す」というふうな、前後を繋《つな》ぐ文句が現れていることも見逃してはならない点です。

本格的論証は本書では省略せざるを得ませんが、私は「卒伝」と『伝記』は同じ材源に基づく記事だと考えています。「卒伝」を載せる『続後紀』が撰述され上進されたのは貞観十一年（八六九）、『伝記』の撰述はその紀年を信じるなら寛平七年（八九五）で、二十六年の隔たりがあります。二十六年の隔たりは大きいのではないかと思われる方がいるかも知れません。しかし私が、「卒伝」と『伝記』の同質性を主張するのは、その背後に一人の人物を想定しているからです。

『伝記』は「貞観寺座主」の撰述と写本上には記されているのですが、その「貞観寺座主」が誰であるかは、十二世紀初頭の済暹の時代からいろいろと議論されています。結論は出ていません。しかし、貞観寺にもっとも関係の深い人物と言えば真雅です。真雅は空海の実弟であるとされ、また貞観寺の創建者でもあります。仁明天皇に寵愛され、清和天皇の護持僧として宮中深く入り込んだ最初の真言僧としても有名です。さらに、清和朝の指導的立場にあり、『続後紀』の撰者でもある藤原良房と、個人的に深い繋がりを持っていました。

真雅は元慶三年（八七九）に亡くなっていますので、「寛平七年」（八九五）に『伝記』を書くことはもちろんできません。しかし、真雅の残した記録が、貞観寺歴代の座主を通じて伝承されたということは、十分に考えられることではないでしょうか。寛平七年は真雅の死後わずかに十六年後のことです。要するに、『伝記』の記事の出所は真雅である、と私は言いたいのです。さらに、真雅と良房の関係を考えに入れれば、「卒伝」の記事の出所も同じ真雅ではないか、と私は考えています。

そして、その真雅の手のなかには、空海の死後に見出された『三教指帰』の空海自筆本があり、それを良房がのぞき込んでいるという図を私は想像しているのです。真雅が空海の実弟であることはすでに指摘したとおりです。弟子であり実の弟ということであれば、真雅が空海の私有物（そのなかに『三教指帰』自筆本はあったはずなのです）を継承するということも大いにありうることではないでしょうか。

信頼できる情報を含みながら、その半面では、すでに説話化への傾向が『伝記』には顕著に見られます。それは、先に引用した部分のすぐ後に、在家時代の行基の元の妻であったとされる播磨国の老婆の鉄鉢供養の説話とか、空海が伊豆国桂谷山寺において空中に文字を書いたというような、疑いなく説話の範疇に入るべき物語が書かれているからです。「卒伝」もまた大瀧・室戸の修行の記事に続けて、「此れより、慧解、日に新たなり。筆を下せば文を成す。世に伝う三教論は是れ信宿の間に撰する所なり。書法に在りては最もその妙を得たり。張芝と名を斉しくし、草聖と称せらる」（⑤、⑥、⑦）という、「序」にはない文が挿入されていますが、「筆を下せば文を成す」、「草聖と称せらる」という評判は、実は帰国後のことに属しますので、入唐前の事績とするわけにはゆかないものをあえてそこに押し込んでいるという印象を受けます。その限りで、説話化への傾向は『伝記』と軌を一にしていると言ってよいでしょう。

その傾向は、「序」の文と対比してみればいっそう際立ってきます。「序」では、大瀧・室戸での修行の記事の後には、次のような文が続いていました。

5遂に乃ち、朝市《ちょうし》の栄華、念々に之《これ》を厭い、巌藪の煙霞、日夕《じっせき》に之を飢《もと》む。軽肥の流水を看ては則ち電幻の歎き忽ちに起こり、支離の懸鶉《けんじゅん》を見ては則ち因果の哀れ休《や》まず。目に触れて我を勧む。誰か能く風を係《つな》がん。

修行を続けているうちに、「朝市の栄華」つまり都の生活の華やかではあってもどこか浮いたような生活が厭になり、「巌藪の煙霞」すなわち大自然のなかでの質素な修行生活の方が好ましい、と思うようになるということですから、こちらの方が文の流れとしては自然なのではないでしょうか。これに比べれば「卒伝」と『伝記』の記事には、強い作為が感じられます。「卒伝」の⑤「此れより、慧解、日に新たなり」とか、『伝記』の⑤「既に法験を蒙り、始めて成就を得たり」などというのは、まさに観念論者の言い草ではないかと疑われます。求聞持法を修したのだから成果が書かれていないのはおかしい、という観念的な操作をしなければ、「此れより、慧解、日に新たなり」などという文は決して綴れないのではないでしょうか。

これは、空海における求聞持法とは何であったか、という問題とも絡んでくる事柄です。「序」には明らかに記憶力増進の秘法として紹介されている求聞持法ですが、その成果としてはなぜか「朝市の栄華、念々に之を厭い、巌藪の煙霞、日夕に之を飢む」という、むしろ人生観の転換が述べられているのです。そして私はこれが空海における求聞持法の真実を伝えていると考えるのです。要するに、空海にとって求聞持法は、単なる記憶力増進の手段ではなく、何か大きな課題を突き抜けるための手段であったということです。

「虚空蔵求聞持法」の典拠となる経典は、善無畏《ぜんむい》の訳した『虚空蔵菩薩・能満諸願・最勝・心陀羅尼・求聞持法』（以下『求聞持法』と略称）というものです。これを初めて日本にもたらしたのは道慈という、大安寺に住していた三論宗《さんろんしゅう》のお坊さんだとされています。道慈は大宝元年（七〇一）の遣唐使に随って入唐した学問僧ですが、約二十年近い留学生活の後、養老二年（七一八）、次の遣唐使とともに帰国しています。在唐中、三論の学習と並んで、善無畏にも師事したとされています。

ところで、善無畏が長安にやってきたのは唐の開元四年（七一六）のことでした。来唐直後の翌開元五年（七一七）に、善無畏が訳したのが、まさにこの『求聞持法』の経典だったのです。留学最後の一、二年を善無畏に師事した道慈は、その訳出されたばかりの『求聞持法』を携えてその翌年に帰国しています。その後、この『求聞持法』は、道慈から善議、善議から勤操《ごんぞう》へと、大安寺の僧の間に承伝されて空海の時代に至ったということです。

それとは別に、法相宗《ほっそうしゅう》の元興寺にも『求聞持法』の相承関係があり、それはまた当時流行していた「自然智《じねんち》宗」と密接に繋がっていたことを、薗田《そのだ》香融《こうゆう》氏が指摘しています。この点で参考になるのは、『続後紀』の承和元年（八三四）九月十一日条に記載されている、護命《ごみょう》という法相宗のお坊さんの「卒伝」です。空海の「卒伝」の少し前に載せられている記事で、そこには「虚空蔵法」への明確な言及があります。

> 年十五。元興寺の万耀《まんよう》大法師を以て、依止《えし》と為す。吉野山に入りて、苦行す。十七、得度。便《すなわ》ち、同寺の勝虞《しょうご》大僧都に就きて、法相大乗を学習す。月の上半は深山に入り、虚空蔵法を修す。下半は本寺に在りて、宗旨を研鑽す。

面白いのは、「吉野山に入りて、苦行す」とか「月の上半は深山に入り、虚空蔵法を修す」という記事です。言うまでもなく、それが空海の行歴と重なり合う可能性を持っているからです。

当時、吉野川の北岸の山腹に、比蘇山寺《ひそさんじ》という山寺がありました。今もその堂塔の礎石が残っています。住宅開発の進んだ現在では、とても深山とは言えませんが、その当時は鬱蒼とした樹木に包み囲まれた、山深い所であったことは、現地に立てば今でも容易に想像できます。南に開けた地勢で、塔にでも昇れば眼下に吉野川、その向こうに金峰山《きんぷせん》（空海のいう「金の嶽」）が眼前に望める場所でした。

「自然智」というのは、人間が本来有している能力、一切のものをあるがままに認識することのできる智慧、を言います。その智慧はいろいろなものへの執着《しゆうじやく》によって曇らされているけれども、その執着を取り去れば直ちに現れてくる、ということが『華厳経』（八十巻本、第五十一如来出現品）に書かれていて、その一節は後に空海が重要視した『菩提心論』という経典にも引用されています。

『三教指帰』の序文を読む限り、空海にとって求聞持法が重要な意味を持っていたことは確かに疑えないのですが、この序文が空海の書いたものであることに疑問を投じる人がいます。『三教指帰』序文は後世の偽撰である、という説です。最初にその説を提出したのは、河内昭円《かわちしようえん》氏でしたが、最近、私の若い友人であり、空海研究の同志でもある米田《よねた》弘仁《ひろひと》氏が、改めてこの問題を提起しています。

その偽撰説は、思い切って単純化すれば、「卒伝」が先にあって、それに基づいて「序」が書かれたという説です。私は、「序」は空海が書いたものであるという説に立って私の空海像を描いていますので、その偽撰説が成立すると困るのです。偽撰説の主な根拠は二つの点に要約することができます。そこで論点をその二つに絞って、この問題について簡単に私の考えを述べておきたいと思います。

偽撰説の第一の根拠は、真済の書いた『性霊集』の序文に『三教指帰』への言及がまったくないということ、第二の根拠は「卒伝」の記事、特に先の私の分類で「私」に対応する部分、段落で言えば②から⑦が、『三教指帰』の「序」と酷似しているということです。

まず、第一の根拠について言えば、そこで言われている事実、つまり真済が『三教指帰』にまったく言及していないということには、私も同意します。しかし、それは真済が『聾瞽指帰』も『三教指帰』も知らなかったという事実を示しているにすぎません。『三教指帰』の「序」の最後の部分には、「唯憤懣の逸気を写せり。誰か他家の披覧を望まん」と書かれています。その言葉通りに、空海は、その青年期の逸気隘れる未熟な作品を篋底《きょうてい》深く秘して誰にも、したがって真済にも、見せなかったのだと私は考えています。

偽撰説の第二の根拠に関しては、テクストに即して精密な分析を行うべきことなのですが、本書では結論を述べることしかできません。その結論とは、語彙・文体・文脈のどの点から考えても、「序」が「卒伝」を引用しているとは、私にはどうしても考えられないということです。また、「卒伝」と『伝記』との類縁性を考慮しますと、「序」と『伝記』が「卒伝」を引用していると考えるよりも、「卒伝」と『伝記』が「序」を引用していると考える方が、ずっと自然です。もし偽撰説を認めるとすれば、「序」は貞観年間（八五九〜八七七）以降に製作されたことになり、なぜその時期になって『聾瞽指帰』が『三教指帰』に書き換えられなければならなかったか、その理由がまったくわかりません。

結論的なことを言いますと、『聾瞽指帰』は延暦十六年（七九七）に空海によって書かれ、その後、加地伸行氏が指摘するとおり、唐から帰国した後に、それが空海自身によって『三教指帰』に書き改められたのだと、私は考えます。しかし、それは空海存命中は「他家の披覧」に供されることなく、死後初めて弟子たちの眼に触れることになった、というのが私の想定する経緯です。

ところで、ここに『聾瞽指帰』と『三教指帰』との関係をめぐってもう一つ考えておかなければならない問題があります。それは虚空蔵求聞持法に直接関係してくる問題です。「求聞持法」に関する記事は『三教指帰』「序」において初めて書かれたもので、『聾瞽指帰』の「序」にはまったく現れていません。確かに『聾瞽指帰』の「仮名乞児論《かめいこつじ》」には「金の嶽」や「石の峯」で山林斗藪に励む空海自身の姿は生き生きと描かれているのですが、そこに求聞持法の影を見出すことはできません。一方、『三教指帰』「序」では、その位置から言っても、それに費やされた文字数から言っても、「求聞持法」は大きな位置を占め、「序」を空海が書き改めたのは、「求聞持法」のことを書き記しておきたいためではなかったか、とも思われるほどなのです。

その「求聞持法」に関する記録のなかでとりわけ重要なのは、言うまでもなく、求聞持法との出会い以後の、大瀧岳と室戸崎での「求聞持法」修行の体験です。その体験が『聾瞽指帰』の「序」には書かれておらず、『三教指帰』の「序」に初めて現れるということは何を意味しているのか、これが私の考えてみたいもう一つの問題です。

『聾瞽指帰』はすでに述べたように三章仕立てで、その第三章は「仮名乞児論」と題されています。仮名乞児は若き空海のアルテル・エゴ、彼自身の姿がテクストという虚構空間に投影された空海の分身です。その意味で私は、「仮名乞児論」は一篇の優れた自伝小説だと考えています。しかも日本で最初の自伝小説です。小説というジャンルは、東洋世界では、唐代に大きく成長し始めるという認識を私は持っているのですが、その新しいジャンルの最初の作品が、空海によって試みられたのではないかと思います。当時の日本にあっては、小説は前衛的ジャンルであり、「仮名乞児論」は空海の文学的実験でもあったと思います。

『聾瞽指帰』「序」には、張文成の『遊仙窟』という唐代の艶美な性愛小説への言及があります。その『遊仙窟』という作品は、時代は異なりますがフランス近代文学におけるピエール・ルイスの『ビリティスの歌』と並ぶ性愛小説の傑作です。この唐代性愛小説の傑作は、仏教寺院でも愛読されたものでした。僧坊で『遊仙窟』を書き写しているお坊さんの姿を想像してみてください。それだけで奈良から平安時代にかけての日本古代史の風景は一変して見えてくるはずです。空海が『遊仙窟』を読んでいたことは言うまでもありません。

空海は、『遊仙窟』を「散労の書」と位置付けています。またそれを評して、「先人の遺美なりと雖《いえど》も、未だ後誡《こうかい》の準的とするに足らず」、と書いています。つまり、『遊仙窟』のような「散労書」に対抗して、「後誡の準的」つまり後世書かれるべき小説のモデルになるような作品を空海は書こうとしているのです。そこに空海の文学的野心を見て取ることができますし、『聾瞽指帰』はその文学的野心の結晶と言ってよいのです。

その作品を書いたとき空海は二十四歳、しゃにむに山に飛び込んではいましたが、まだ人に語るほどの修行の成果を獲得していたわけではありません。だからそのような文学的野心をもって『聾瞽指帰』を書き、その自己評価を「序」で語っているのだと私は思います。

「仮名乞児論」のなかに、「或いは金の嶽に登りては雪に逢いて坎壈《かんらん》たり。或いは石の峯に跨《また が》りては以て粮《りよう》を絶ちて轗軻《かんか》たり」という文が見えています。「金の嶽」は吉野の南に聳《そび》える金峰山《きんぷせん》、空海が高野へ向かう途中で通った山です。葛城山《かつらぎさん》と並んで、古くから山林斗藪の修行者たちが入っていた山です。「坎壈」は思い通りにならないこと、ここでは雪のなかで行き泥《なず》むことを指しています。「石の峯」は四国の石鎚山《いしづちさん》だろうと思われます。登ってみればわかりますが、「石の峯」という名のとおり頂上に大きな岩が露出した峻厳な岩峰です。頂上付近は狭い石の尾根が連なり、「跨る」という表現も決して単なる修辞ではありません。そこには水も草木もなく、「粮を絶ちて轗軻たり」という文言もなるほどと納得がゆきます。「轗軻」とは、車が動けなくなること、転じて人が身動きできなくなること。石鎚山頂では実感のある表現です。

これが空海の「少年の日」の「渉覧山水」の一齣であったことは疑いのないところでしょう。しかし、そこにはまだ何らかの達成を語る言葉を見出すことはできません。むしろ、先にも引用した「径路未だ知らず、岐《ちまた》に臨んで幾たびか泣く」という文句に呼応するかのように、「未だ思う所に就かざるに、三八《さんぱち》の春秋を経たり」(因みに「三八の春秋」とは二十四歳のことです)という言葉が印象的に読まれるだけです。ましてや、「求聞持法」の成就を感じさせる言葉はどこにも見当たりません。

そうしてみると、「求聞持法」の成就、空海が『三教指帰』「序」で、「阿国大瀧嶽に躋攀し、土州室戸崎に勤念す。谷響きを惜しまず、明星影を来《きた》す」と書いているように、自らの命をかけた苦行と、それに応える大自然の感応という神秘体験は、やはり大瀧岳と室戸岬という場所を待たなければならなかったのではないかと思われます。

そう考えてくれば、空海が「一沙門」から「求聞持法」を授かったのは、やはり延暦十六年の『聾瞽指帰』執筆より後のこととしなければなりません。つまり、『三教指帰』「序」は、延暦十六年から延暦二十三年の入唐までの間に、空海二十四歳以降三十一歳までの間に、空海の身に起きた決定的事件を記録する、まことに貴重な伝記資料ということになるのです。

南北に連なる大瀧岳の尾根の東側面はほぼ垂直に近い断崖絶壁になっていて、その狭い尾根からはほとんど垂直な岩壁が頂上から谷底に向かって下《くだ》っています。その岩壁の頂きは狭い尾根筋となり、そこに一カ所だけ小さな岩塊が張り付くように突き出ています。空海が「求聞持法」の修行をした場所であると伝承されています。その岩塊の上に我が身を置き、結跏趺坐《けっかふざ》して、私は「谷響きを惜しまず」という言葉を反芻してみました。遠くには海を隔てて霞んだように紀州の山影が見えています。眼下の谷はまさに虚空。「谷響きを惜しまず」はこのことだな、と私は実感しました。

室戸岬の洞窟でも同じことでした。空海修行の跡という洞窟は、ほぼ真東に向かって口が開いています。目の前にある大きな岩塊の向こう側に、太平洋の海面が無限遠にまで広がっています。その洞窟のなかに坐って、私は薄明のなかに明るく輝く金星、空海言うところの「明星」を想像してみました。そして、やはりここだな、と感じたのです。明けの明星は、密教的解釈に従えば、虚空蔵菩薩の化現した姿です。「明星来影」はまさに「求聞持法」の成就、空海という一個の個体と宇宙的生命の象徴である虚空蔵菩薩との「入我我入」の神秘体験が成就したことを、私たちに伝えてくれる言葉なのです。

以上は、私の個人的体験に基づく感想にすぎないかも知れません。しかし、『三教指帰』「序」に語られる「求聞持法」成就も、同じように空海の個人的体験であったことを忘れてはいけません。「谷不惜響、明星来影」は、あくまでも、そして永遠に、空海の個人的体験であり続けています。この体験の主体となる空海という「個人」は、その瞬間に、私たちが普通そうであるような閉ざされた、孤立した「個人」ではなく、宇宙的生命とでも呼ぶほかないものに向かって、無限に開かれた存在にはなっています。しかしそれが空海という一個の人間的個体に基盤を置いているのだという厳然たる事実、そしてそこにしか拠るべき基盤はないのだという厳然たる事実を、忘れることもできません。

なぜなら、空海の個人的体験こそ何物にも替え難い価値を有するものであり、来たるべき空海の思想はその上に築かれたものだからです。そうであるからこそ、空海は『聾瞽指帰』「序」を捨て、新たに『三教指帰』「序」を書いて、そのことを記録したのではなかったでしょうか。「求聞持法」の成就という彼の個人的体験を、青年時に夢見た「後誡の準的」たる作品を書くという文学的野心のささやかなる成果に結びつけて、自らの記憶として保持するために一個の文学作品としておくことは、何よりも詩人であった空海にはまことにふさわしい所作であったと私には思われます。

4 入唐留学の顚末——願って赤県を尋ぬ

空海が唐の都、長安に留学したことは広く知られている事実です。しかし、何故、どのようにして、何を目的として留学したのかということについては、漠然とした観念しか持っていない人が多いのではないでしょうか。多くの人はただ漠然と、そう、ちょうど最澄が天台宗の正統を伝えるために留学したのと同じように、空海は真言宗を伝えるために留学したのだと理解しています。結果的には確かに、唐代の真言密教を一つの体系として日本に導入する歴史的役割を、空海は担うことになりました。

しかし、それは結果から物事を見た場合のことで、空海が入唐を決意したときには、その真言宗の招来が留学の目的であったとは思えません。空海の入唐は何よりも、空海自身の激しく深い求道心、純粋無垢の菩提心、彼が言うところの「還源の思い」に連なる個人的投企であったのです。いくつかの幸運な偶然が重なり、結果的には、空海は唐代密教の最初の宣布者になっただけなのです。

「仮名乞児論」のなかに、次のような言葉が書かれています。

余《われ》も前《さき》には汝が如く迷い疑いき。但し、頃日《けいじつ》の間、適《たまたま》良き師の教えに遇いて、既に前世の酔いを醒ませり。

「汝」と言われているのは、『聾瞽指帰』巻中の主人公であり、道教的無為自然と不老長生を説く「虚亡隠士《きよぼういんし》」のことです。「仮名乞児」の語るこの言葉は、そのまま、二十四歳の空海の言葉として聞いてよいでしょう。仏教の説く世界観に対する疑念、その疑念を解き放ってくれた「良き師」との出会いが、若き空海にもあったことを、この一文は私たちに教えてくれます。

文学的虚構に形を借りているとは言え、ここに「頃日の間」と書かれていることは無視できないと思います。「良き師」との出会いが、ごく最近の事であったことを空海は伝えたいのだと思います。『聾瞽指帰』という作品は、その出会いが開いてくれた新しい世界に対する熱い思いに満ちています。

一方、「仮名乞児論」を書いたとき、すでに仏教に関して相当の知識を空海が有していたことは、その文章そのものが歴然と示しています。しかし、その仏教の知識は（「亀毛先生論」「虚亡隠士論」で開陳される儒・道についても同じですが）一般概説的範囲を出るものではないように思われます。しっかりと体系だった知識というよりは、漂い流れる原初のカオスのような、無定形の観念の流動体のように感じられます。その結果、「仮名乞児論」の読者は、熱い思いが習い覚えたばかりの未消化の言葉の奔流となって溢れ出ていて、確かにその熱さは感受できるものの、それがどのような思想の表現であるのかを捉えようとしても、うまくゆかないもどかしさも一方では感じさせられることになるのです。

しかし、熱く熱されたカオスに形を与える根源的ロゴスは、やがて、大瀧・室戸における自己と自己を取り巻く大自然、ないしは大宇宙との、全身体を貫くような、一体感のうちに与えられます。その後の空海はますます仏教経典の描き出す世界に没入し、仏教を通じて自らの経験が何であったかを、知ろうとするようになったのではないでしょうか。仏教に関する空海の知識が、入唐時において、非常に高いレベルに達していたこと、その知識が整然たる体系性をすでに有していたことは、いろいろな点から考えて疑う余地はありません。「孑《けつ》として仏経を持す」（『請来目録』）という言葉が示すように、唯独りむさぼるように仏教経典を渉猟する二十四歳から後の空海の姿を、私たちは想像してよいのではないかと思います。

しかし、この仏典渉猟も「求聞持法」と結びつけて考えておく必要があるように思います。空海のことを比較的よく知っている人でさえ、「虚空蔵求聞持法」を空海の専売特許のように考えていたり、あるいはそれを、例えば孔雀明王の呪法を持した役行者《えんのぎょうじゃ》のような、反律令的な山林修行者の呪術的伝統のなかで捉えようとしているようです。しかし、「一沙門」からそれを受けたことは空海が明記しているとおりであるとしても、その「一沙門」の背後には、「求聞持法」を修する南都官寺の僧たちのグループが存在しています。「求聞持法」は天平時代以降にあっては、いわば、南都仏教の「最新流行」であったのです。

空海の仏教経典の研鑽と「求聞持法」との出会いは、同じ一つの場所、同じ一つの精神空間のなかで起きたことでした。その一つの場所とは、言うまでもなく、南都であり、一つの精神空間とは南都仏教界のことです。しかも、吉野が官寺の僧たちの「求聞持法」の拠点であったということは、空海の生涯に決定的な重要性を持っていた可能性を示唆しています。空海に「求聞持法」を伝えた「一沙門」も、特定はできませんが、そのような南都の僧であったことは間違いないでしょう。

いずれにしろ、「求聞持法」が奈良時代の主流を占める三論宗・法相宗と結合していたことは、空海の青年時代の背景として十分に考慮しなければならない事実だと思われます。大瀧岳と室戸岬の深い実存的体験は、ただ「求聞持法」のみによる孤立した神秘的体験ではなく、仏教経典と仏教理論の学習と深く結びついている自覚的体験であったのです。そのような状況のなかでこそ、空海は南都の経蔵において、『大日経』を始めとする密教経典に出会うことができ、入唐に先だってそれを十分に研究しておくことができたのだ、と私は考えています。

すでに見たように、空海は延暦二十三年に派遣された遣唐使の正規の一員として唐に渡ります。空海の資格は留学僧《るがくそう》でした。しかも二十年の留学期間を定められた留学僧でした。それに対して、同じ延暦の遣唐使に随行して入唐した最澄の入唐資格は還学僧《げんがくそう》（請益僧《しょうやくそう》とも言う）でした。どこが違うのかということは後で説明しますが、空海は最澄のように最初から遣唐使のメンバーに加えられていたのではありません。何らかの理由で後から追加された、いわば「追加採用」の使節団員であったらしいのです。これは案外知られていない事実ではないでしょうか。

遣唐使は、今日発令されて明日出発する、というものではありません。まず、大使・副使など使節の主要メンバーが発令されます。延暦の遣唐使の場合、大使は藤原葛野《かどの》麻呂《まろ》、副使は石川道益でしたが、両名が任命されたのは延暦二十年八月に遡ります。大宝以来、遣唐使は原則として四船仕立てでしたので、大使・副使に加えて判官・録事という実務責任者が各船ごとに一名ずつ任命されます。

同年九月初めに、遣唐使派遣の決定を知った最澄は、すぐに自分の弟子の派遣を申請しています。結果的には、申請した弟子だけではなく、最澄本人も「請益僧」に勅任され、少なくとも二人の弟子が「留学僧」に任命されています。使節団の組織（総勢六百名前後）、渡航船の建造、唐朝廷への献上品の準備、団員への給与品の下賜、神々への祈願、祝宴、大使の徴《しるし》である節刀の授与等、一連の準備と儀式などを経て、遣唐使一行が実際に難波津《なにわづ》を出航したのは、延暦二十二年（八〇三）四月十六日のことでした。

しかし、この遣唐使の一行に空海は加わっておりません。

したがってまた、もしこのときに発遣された遣唐使が渡航に成功し、順調に任務を終えて帰国していたとするなら、次の遣唐使が派遣されるのは承和三年（八三六）、空海死後のことでしたから、空海の入唐留学ということは歴史に記されることはなかったのです。

空海にとっては幸運なことに、四月十六日に難波津を出航した遣唐使船は暴風雨に遇い、沈没したり航行不能になってしまいます。その結果、今回の派遣はいったん中止ということになり、葛野麻呂は五月二十二日に節刀を返上しています。大使一行は都に帰還しますが、なんとか難破を免れて大宰府に到着した最澄は都に戻らず、大宰府にとどまって再派遣を待つことになります。

同じ頃、空海は何をしていたのでしょうか。旧都奈良のどこかの寺の僧坊で経典にかじりついていたのでしょうか。それとも紀伊山地か四国山地のどこかで山岳斗藪の修行に励んでいたのでしょうか。あるいは遣唐使派遣を知って、自分が秘かに期していた入唐の夢の空しく潰《つい》え去ったことに挫折感を感じていたのでしょうか。その間の消息はまったく不明です。

翌延暦二十三年三月二十八日、葛野麻呂に再び節刀が授けられて、再派遣の手続きが完了します。大使に節刀が授けられれば、それほどのときをおかず、使節団は出発するのが通例のことです。しかし今回はなぜか、葛野麻呂一行はなかなか動き出そうとしません。すでに見たように、四月九日、具足戒を受けるために空海は東大寺戒壇院に入壇しています。このとき、後に本書にも登場する天台宗の僧円澄も受戒しています。四月の受戒から逆算して、高木訷元氏は、空海がこの年の正月に得度していたのであろうと推定されていますが、先に想定したように、空海が南都の僧たちと深い関係を取り結んでいたとするならば、その可能性は十分に考えられます。

空海の得度と受戒の経緯については、なお解明されなければならない点が多いのですが、この年の六月中に再び難波津を出航した遣唐使第一船（それは大使葛野麻呂の乗っている船です）に、空海の姿があったことは確かな事実です。四月の受戒が正しいとすれば、難波津出航までの時間的余裕はわずかに二カ月余、規定の戒律学習を終えるか終えないうちに、空海は船上の人となっていたのです。

いずれにしろ空海は遣唐使の一員に加わることになったのですが、それが誰の意志ないしは決定に依ったものかという問題を少し考えておきたいと思います。先にも引用した「四恩の奉為《おんため》に二部の大曼荼羅を造る願文」（弘仁十二年九月七日）に書かれている言葉をもう一度思い出していただきたいのです。そこにはこう書かれていました。

弟子空海、性薫《せいくん》我を勧めて、還源《かんげん》を思いと為す。径路未だ知らず、岐《ちまた》に臨んで幾たびか泣く。精誠感有って此の秘門を得たり。文に臨むも心昏《くら》し。願って赤県を尋ぬ。

改めてこの引用個所の最後の部分、「文に臨むも心昏し。願って赤県を尋ぬ」という個所に、特に注意してください。空海には、遂に探り当てた「此の秘門」を読んでよくわからないところがあったのです。言うまでもなく「此の秘門」とは『大日経』を中心とする密教経典のことです。もう一歩のところで、自分が求めていた核心を捉えることができない。そして、その核心を捉えるためには、ぜひとも、長安に行かなければならない。だから、「願って」唐に渡ることにした、と空海は書いています。「願って赤県を尋ぬ」という、この言葉を私はそのままに信じたいと思います。空海には唐に渡らなければならない、個人的・主体的理由があったことをその一文は教えてくれます。そこに入唐のチャンスが、天から降って湧いたように、空海の前に現れたのです。それは空海の意志と、状況の生み出すチャンスが、割り符のようにぴったりと合った瞬間でした。

空海の乗った船が、途中嵐に遭いながらも、無事福州に到着できたのも幸運と言えば幸運です。しかし、その後に思い掛けない不運が待っていました。せっかく唐土を踏んだのに、福州から長安に入ることが許されなかったのです。その前にも遣唐大使の乗る船が単なる漂流船に間違われて、なかなか上陸を許されないという手違いもありました。そのとき、空海が大使に代わって嘆願書を代筆し、それによって問題は解決したという、よく知られた経緯はここでは繰り返しません（『性霊集』巻五「大使の為に福州の観察使に与うる書」を参照して頂きたい）。

使節団にとっての入国問題は、観察使閻済美《えんさいび》の福州着任後は、大きな停滞もなく解決し、大使は出発の準備を始めていました。しかし、空海に対する入京許可は下されませんでした。そういう事態に追い込まれて、空海は、今度は自分のために筆をとります。その空海の入京嘆願書（『性霊集』巻五「福州の観察使に与えて入京する啓」）には、空海が「留学僧」になった経緯が書かれていますので、その冒頭部分だけを読んでみたいと思います。

日本国留学沙門空海啓《もう》す。

空海、才能聞こえず、言行取る無し。但《ただ》、雪中に肱を枕とし、雲峯に菜を喫《くら》うことのみを知る。時に人の乏しきに逢って留学の末に簉《つら》なれり。限るに二十年を以てし、尋ぬるに一乗を以てす。任重く人弱くして、夙夜《しゅくや》に陰を惜しむ。

まず空海が正規の「留学僧」であったことが冒頭の一文によって確認できます。留学期間は二十年、留学目的は仏教研究、これもわかります。ここで「二十年」というこの留学期間について一言しておきますと、これが何を根拠にしているのかということは、長い間、私の抱き続けてきた疑問でした。そのような規定があったものと推測されるのですが、史料的に確認できないのです。東野治之氏によると、この時期の遣唐使は「約二十年一来朝貢」であったとのことです。後にも出てくる比叡山の円澄の質問に関して、天台山国清寺の僧維蠲《ゆいけん》が回答を与える（いわゆる「唐決」と言われるもの）ことの許可を官に求める書状に、それが書かれています。そうすると、留学期間の「二十年」もこの遣唐使派遣の「二十年」に連動する形で、当時の関係者の間では常識として知られていたことではなかったかと思われます。

さてここで問題となるのは「時に人の乏しきに逢って留学の末に簉なれり」という個所です。そこには図らずも空海が留学僧に任命された理由が暗示されています。「人の乏しきに逢って」とは、何を意味しているのでしょうか。「人の乏しきに逢って」という表現、そして「留学の末に簉なれり」という表現は、単なる世辞、単なる修辞とは思われません。それは、空海が何らかの臨時の措置によって、留学僧の末席に選任されていたという事情を暗示しているのではないでしょうか。例えば、武内孝善氏は、延暦二十二年出航の遣唐使船に乗っていて遭難した留学僧（そういう留学僧は凶相ありとして再任されることはなかったそうです）の代替要員として、空海がにわかに選任されたのではないか、という説を提示されていますが、傾聴すべき説だと思います。

空海の入唐留学の根本には空海自身の強い意志、「文に臨むも心昏し」という自らの求道の行き詰まりを入唐によって打開したいという、個人的欲求があります。しかし、それだけではなく、それを支えた、誰と特定はできませんが、南都の高い地位にある僧たちの支援があってこそ、空海の意志も欲求も実現することができたのだ、と私は考えます。空海の入唐は、予想外の幸運、空海一個人の秘められた欲求、そしてそれを理解し支えた南都仏教界の助力、そういうものが組み合わさって初めて実現したのです。しかし、それらの予測不能な幸運も含めて多くの要因をしっかりと束ねているのは、言うまでもなく、空海という一個の人間の不撓《ふとう》不屈の意志であったことを見逃してはなりません。

もう一点、私が注目したいのは、「空海、才能聞こえず、言行取る無し」という、最初の書き出しの部分です。これも同じように謙遜の言葉には違いないのですが、その後半の

「雪中に肱を枕とし、雲峯に菜を喫うことのみを知る」という部分が、私には気になるのです。実はこの表現は『聾瞽指帰』「仮名乞児論」で空海が一度使っている表現だからです。金《かね》の嶽・石《いし》の峯での苦修練行を述べるくだりに出てくる一節です。

霜を払って蔬を食《くら》うは、遥かに伋《きゅう》(=孔子の孫の子思)が行いに同じ。雪を払って肱を枕とするは、還って孔(=孔子)の誡《いましめ》に等し。

どちらも『論語』の「飯疏食飲水、曲肱而枕之」を典拠とするものです。しかし、「蔬を食う」、「肱を枕とする」というのは確かに『論語』に書かれている文字ですが、「霜を払う」と「雪を払う」は空海が付け加えたものです。嘆願書の方の「雪中」「雲峯」もそうです。私はここに空海の自分自身の体験への執着、今ふうに言えば「こだわり」を見る思いがするのです。

空海が長安に入ったのは、延暦二十三年(八〇四)十二月二十三日のことでした。本涯を辞して後、五カ月余り、福州を出発してから数えれば、五十日が過ぎていました。福州からは船と馬を乗り継いで、昼夜兼行の厳しい旅程でした。この間に空海が何を見、何を考えていたか、円仁の場合のように日記が残されていたならば、私たちはそれを空海とともに追体験することができるのですが、残念ながら何も残されていません。しかし、空海の帰国報告書である『請来目録』には、長安での受法・受学についてかなり詳しい記述が見られます。今はそれによって、長安での空海の足取りを簡単にまとめておきましょう。

八〇四年十二月二十三日　長安に到着。遣唐使とともに宣陽坊の官宅に入る。

八〇五年二月十一日　遣唐使、帰国の途につく。勅により西明寺《さいめいじ》に移る。以後、帰国まで西明寺が空海の住所となる。長安城中の諸寺を歴訪。

同年五月末頃　西明寺の僧五、六人とともに青龍寺に赴き、恵果《けいか》に会う。

同年六月上旬　恵果より大悲胎蔵の学法灌頂を受ける。胎蔵の梵字儀軌を受け諸尊の瑜伽観智を学ぶ。

同年七月上旬　金剛界灌頂を受ける。金剛頂瑜伽五部の真言密契を受け、金剛界の梵字梵讃を学ぶ。

同年八月上旬　伝法阿闍梨位の灌頂を受ける。同日、五百僧の斎を設けて、あまねく四衆に供する。以後、経典の書写、曼荼羅と法具の製作などに努める。

同年十二月十五日　恵果、示寂。

八〇六年一月十七日　幾多の弟子を代表して恵果碑文を撰する（『性霊集』巻二「大唐神都青龍寺故三朝国師灌頂阿闍梨恵果和尚の碑」）。

同年一月下旬　遣唐判官の高階遠成《たかしなのとおなり》に帰国申請書を呈する（『性霊集』巻五「本国の使に与えて共に帰らんことを請う啓」）を提出。同じく橘逸勢《たちばなのはやなり》のために、帰国申請書を代筆する（同「橘学生の為に本国の使に与うる啓」）。

同年二月上旬頃　遣唐使一行とともに長安を出発。

長安到着後しばらくの間、空海は大使たちと行動を共にしていたようです。その間、空海は仏教研修という本来の目的から離れて、長安での見聞を広げていたことが想像されます。空海が留学僧としての生活を始めるのは、翌年二月十一日、大使一行が帰途についた後、西明寺に移ってからです。西明寺は玄奘《げんじょう》の創建にかかる大寺院で、特に注目しておかなければならないのは、『貞元録』の撰者、円照の居住する寺であったということです。空海が西明寺に入ったとき円照が存命していたかどうか、確かなことはわかりませんが、それよりも重要なことは、『貞元録』はもちろん、そこに記載されている不空新訳の経典が、西明寺の経蔵にはそろっていたということです。空海の「文に臨むも心昏し」という問題を解決するのに、西明寺ほど適した場所は、長安広しといえども他にはなかったのではないでしょうか。

西明寺に落ち着いた後、長安の諸寺を歴訪し、「師依」を尋ねた、と空海は書いています。一種の情報収集活動だと理解しておけばよいでしょう。西明寺は、長安の仏教センターのようなものでしたから、近くにあれこれと情報を提供してくれる人物は多かったはずです。空海が西明寺に入ってすぐにも『貞元録』を閲読したことは疑いを容れないところです。また、『不空表制集』も西明寺の蔵本に含まれていたはずで、それを空海が早い時期に読んだことも確実に推測できることです。

その『不空表制集』には不空の遺書が載せられていて、そのなかには、不空の六大弟子の名も挙げられています。金閣寺（五台山）の含光《がんこう》、新羅《しらぎ》の恵超、帝都長安青龍寺の恵果、崇福寺の恵朗、保寿寺の元皎《げんこう》・覚超の六人です。そのうち、含光・恵果・恵朗を除いて、経歴を明らかにすることはできませんが、金閣寺の含光は存命であったとしても五台山に居て、「師依」とするには遠すぎます。恵朗はすでに世を去っていました。不空が「後学疑い有らば汝ら開示せよ」と指示した、これらの弟子のうち、長安にいて「師依」たることができたのはおそらく恵果ただ一人であったでしょう。

そうだとすれば、空海はまず恵果に注目したはずです。しかしなぜか、空海はすぐには恵果のもとを訪《おとな》うことはしません。空海はいったい、二月から五月まで、長安で何をしていたのでしょうか。記録は残されていませんので、空海の実績から逆算するしかありません。私の考えでは、この期間、空海は、恵果からの受法を想定して、そのためにはぜひとも必要なのですが、空海には欠けていた知識の不足を補っていたのだと思います。一つは不空新訳経典を中心とした密教関係文献の研究、もう一つは、悉曇《しったん》の学習です。

西明寺に入ったとき、空海が大きな衝撃をもって思い知らされたことがあった、と私は推測しています。それは、不空という人物によって、中国密教が根底から革新されていた、という事実です。日本で読むことができた善無畏の『大日経』(漢訳)などによって、空海はすでに密教に関するある程度の知識は持っていました。しかし、その経文を読むだけではよくわからないところがあり、それを解明するためにこそ空海は長安にやってきたのです。しかし、実際に長安に来てみると、ことはそう簡単なものではありませんでした。

次章で見るように、不空金剛の説く密教のもっとも新しい点は、密教修行に用いられる真言を、今までのように漢字音で音訳するのではなく、インドの音声、インドの文字で伝授するという点にあったと私は考えています。恵果もそれを継承していました。つまり、梵字を知らなければ、恵果から密教を受法することができないという状況にあったのです。そのことは、一二二頁に記した受法の経緯を見ても明らかで、胎蔵の学法灌頂を受けた後は胎蔵の梵字儀軌を、金剛界灌頂の後には金剛界梵字梵讃を学習しています。この時代、諸尊の真言は梵字のまま授け、梵字のまま受けるということが行われていたのです。

もし私が空海評伝を書くとすれば、「ところで、君は梵字は読めるの?」と西明寺の僧に聞かれて空海が驚く、という一齣《ひとこま》を必ず入れておくでしょう。長安に来たばかりの空海には梵字の知識はまったくとは言えないものの殆どありませんでした。恵果が「師依」たる人物であることはわかっても、空海の方には、その人物から法を受けるための資格が欠けていたのです。恵果に会いに行く前に、どうしても梵字を学んでおかなければならないのです。そして、それを、実際にも空海の行ったのだと推測されます。

そのことを暗示するのが、『性霊集』巻五に載せる「越州の節度使に与えて内外の経書を求むる啓」のなかの次の一文です。

草履を著けて城中を歴《ふ》るに、幸いに中天竺般若《はんにゃ》三蔵、及び内供奉《ないぐぶ》恵果大阿闍梨に遇い、膝歩接足して彼《か》の甘露を仰ぐ。

ここには空海が師として仰いだ人物が具体的に記されているのですが、般若三蔵の方が恵果より前に出されているということは、私は偶然ではないと思います。まず、インド僧の般若に就いて、主として梵字梵語を学び、そして恵果の下で灌頂を受けたという順序がそこに反映されているのだと考えます。梵字が滞りなく読めるようになった段階で、空海はいよいよ本命の恵果を訪れ、続けざまに胎蔵、金剛界、伝法阿闍梨の灌頂を受け、それに関した儀軌の修学を終えるのです。

恵果の俗弟子で呉慇《ごいん》という人物が、恵果の死後、その略伝を書いたのが空海の『広付法伝』（正式には『秘密曼荼羅教付法伝』）という著作に引用されています。そこに空海の受法の様子も次のような言葉で記録されています。

今、日本の沙門空海有りて、来たりて聖教を求むるに、両部の秘奥の壇儀《だんぎ》印契《いんげい》を以てす。梵漢差《たが》う事無く、心に受くること、猶《なお》し写瓶《しゃびょう》の如し。此れ是の六人は吾が法灯を伝うるに堪えたり。

「梵漢差う事無く」（梵語のテクストも漢語のテクストも正確に理解できる）というところに、空海の梵語学習がいかに短時間に集中的に行われたかということが遺憾なく表現されています。「心に受くること、猶し写瓶の如し」とは、水を瓶から瓶に移すように、滞ることなくすべてが伝授されたことを言う言葉です。そして、最後に、空海も含めて六人が恵果によって伝法の弟子として認可されています。六人を定めたのは恵果が不空を真似たところでしょうが、そのなかに恵果最後の弟子空海が名を連ねていることはあらためて注目しておかなければなりません。

念のために空海の兄弟弟子の名を記しておきますと、訶陵《かりょう》（唐代にジャワ島にあった国）の弁弘、新羅の恵日（以上二人は胎蔵）、剣南（四川地方）の惟上《ゆいしょう》、河北の義円（以上金剛界）、そして恵果の一の弟子たる義明（胎蔵・金剛界）です。六人のうち、空海も含めて三人が外国人留学僧です。この時代の長安の国際性をよく示す事実と言うべきでしょう。それにしても、胎蔵・金剛界の両部を伝授されたのは、義明と空海だけでした。空海が恵果によっていかに高く評価されていたかがわかります。

恵果はその年の十二月十五日に死去します。時に六十歳。不空即ちインドの正統密教を伝えてくれた師匠の突然の死に、空海はどのような思いを抱いたでしょうか。密教の日本宣布という使命が、いっそう緊迫した課題として自覚されたのではなかったでしょうか。空海は弟子たちのなかから選ばれて、恵果を顕彰する碑文を起草します。これもまた特記すべき事柄です。

空海がその碑文を撰し、碑が建立されたのが翌年の一月十七日でした。前年の今頃は長安に到着したばかりで、文字通り西も東もわからないままに、殷賑《いんしん》を極める長安の東市や西市を、また当時世界最大の国際都市長安の市街を、ほっつき歩いていた空海も、わずか一年後には、恵果の六大弟子に名を連ねる密教の阿闍梨になっているのです。これ自体が驚くべきことですが、すでに述べたようにそこには空海の綿密な行動計画と、それを実行に移し、それを成し遂げるだけの意欲と鍛え上げられた能力が、潜んでいたことを忘れてはなりません。

それはさておき、空海が恵果の弔《とむら》いを終えた頃、なぜか、遣唐判官の高階遠成《たかしなのとおなり》が長安に滞在していたのです。なぜ、遣唐大使が帰国して一年も経ったこの時期に、判官の遠成が長安に来ることになったのか、その間の事情はよくわかっていません。しかし、理由がどうであれ、遠成の長安滞在は、三善為康《みよしのためやす》の編纂した『朝野群載』（一一一六年成立）に載っている「告身《こくしん》」に拠って、間違いのない事実だと確認できます。「告身」とは使節に対して唐の朝廷から下賜される位記《いき》のことです。遠成は唐朝から「中大夫試《ちゅうだいふし》太子中允《たいしちゅういん》」という位を与えられ、その日付は「元和元年正月二十八日」となっています（遠成告身については大庭修氏の所説に拠りました）。唐の元和元年は西暦の八〇六年に当たります。

空海は直ちに遠成に宛てて帰国の申請書を提出しています（『性霊集』巻五「本国の使いに与えて共に帰らんことを請う啓」）。高階遠成の告身の日付が一月二十八日ですから、この文章もその頃に書かれたものと推定されます。四月には、空海は越州（現在の紹興）に滞在していたことが、『性霊集』巻五の「越州の節度使に与えて内外の経書を求むる啓」によって確認することができます。したがって、空海たちを含めた遣唐判官の一行は、二月中旬までには長安を辞していたはずです。通常、長安から揚子江河口地方までの旅程は二カ月余を要します。

「虚《むな》しく往きて実《み》ちて帰る」の言葉通り、帰りの空海は、大曼荼羅二鋪をはじめとして、書写した経典などを加えれば、荷物も決して少なくありませんでした。世話になった西明寺をはじめ、青龍寺・醴泉《れいせん》寺・大興善寺などの僧たちへの挨拶、短い期間ではあったけれども詩文を通じて、また書を通じて交わりを結んだ文人や書家たちも少なくありません。彼らとの別れの挨拶もこの短い期間に終えて、空海は帰国の途に就きます。

長安に入って一年二カ月、西明寺に「孑然《けつぜん》として」（『請来目録』）独り留まってから数えればわずかに一年。しかし、一人の人間の人生において、これほどに充実した時間を私は他に知りません。志願して入唐留学の末に連なってから、長く帰らぬ覚悟で辞した本涯への還帰に至るまで、空海の意志と行動は寸分の乱れもなく貫徹されていて、それを思うたびに私は言葉では表現できない、心の底から沸き上がる感動を禁じ得ません。

第三章

『請来目録』という作品

1 『請来目録』の新しさ――未だ学ばざるを学び、聞かざるを聞く

空海が無事大宰府に帰着して直ちに取りかかった仕事は、帰国報告書の作成でした。大宰府帰着の正確な日付はわからないのですが、その帰国報告書の日付が大同元年(八〇六)十月二十二日となっていますので、このときには大宰府の宿舎に落ち着いていたことがわかります。この帰国報告書は、一般に『請来目録』と呼ばれていますので、本書でもその呼称を用いることにします。朝廷に提出されたものを最澄が転写した写本が、現在も東寺に所蔵されています。空海研究の第一級の資料で、国宝に指定されています。

『請来目録』は、空海が作成した記念碑的作品です。空海には『十住心論』とか『文鏡秘府論』というような堂々たる大著もあるのですが、私は、『請来目録』もそれらと並ぶ空海の主著の一つに加えるべきだと考えます。歴史的重要性においては第一級のものかも知れません。

一口に『請来目録』と言われますが、これは実は「新請来の経等を上《たてまつ》る表」という上表文と、請来品のリストである「目録」との二つの部分から構成されている公文書です。これから後、二つを区別して示す必要があるときには、前者を「表」、後者を「目録」と称

することにします。両者とも、「大同元年十月二十二日」の日付がつけられています。

空海の留学期間は二十年と定められていました。「留学」とは文字通り「留まり学ぶ」ことで、その「留まる」ということも半端な期間ではなかったのです。夏休みの間だけ外国の大学に行って夏期講習を受けるとか、調査・研修のために数カ月程度外国に出張するということは今でもありますが、そういう出張は、この時代には「留学」に対して「請《しょう》益《やく》」と言われました。最澄の場合は留学ではなく、その「請益」でした。請益僧は乗っていった遣唐使船で帰国することになっていましたから、最澄も大使の帰国便で帰国しています。

面白いのは、留学僧として唐に渡ったはずの空海が、結果的には請益僧と同じように、延暦遣唐使の一員であった判官高階遠成の帰国便で帰国している、ということです。このことはすでに指摘したことですが、改めてここで確認しておきましょう。「表」のなかで空海は「闕《けつ》期《ご》の罪」という言葉を使って、予定より早く帰ってきたことの弁明を行っていますが、本当は「闕期の罪」であるよりも、勝手に「留学僧」から「請益僧」に早変わりしただけだったのです。

空海が「本涯を辞」してから大宰府に帰着するまでの期間は足かけ三年です。しかし、空海の留学期間が始まったのは「勅に准じて西明寺に留住」するようになった唐の貞元二十一年、日本の延暦二十四年(八〇五)二月十一日のことでした。また、帰国願いを出したのが翌年の一月末ですので、実際には、空海の「留学」期間はわずかに一年ほど、意外に短いのです。最澄の在唐期間は六カ月ほどでしたから、それに比べれば確かに空海の留学期間は長いのですが、その差はわずかです。

最澄の在唐は腰掛け程度、それに対して空海の「留学」は本格的で、従ってその成果も比較にならないほど大きかったというふうに考える人が多いのですが、それは誤った歴史認識です。最澄も『宋高僧伝』という本に「一宗の論疏を尽《ことごと》く写し以て帰る」と記されるほどの成果をもたらしているのですから、二人の努力と成果はどちらが大きくてどちらが小さいというものではないと思います。

それでもやはり、この二人の間には大きな違いがある、と私は考えます。その違いは「新しさ」に対する感覚の違いです。二人は共に「一宗の論疏を尽く写し以て帰る」という点では変わらないのですが、しかし、最澄の天台宗は要するに古い仏教体系でした。詳しいことを述べる余裕はありませんが、中国仏教は西暦六四五年にインド求法の旅から帰国した玄奘を境に大きく変わります。翻訳経典も玄奘以前を旧訳《くやく》、以後を新訳と言って区別します。日本の奈良仏教の二大宗派の一つである「法相宗」は玄奘から始まります。中国仏教史における玄奘の位置は、新旧を分かつほどに重要なのですが、天台宗はその玄奘以前の仏教なのです。古いから価値がないとは少しも思いませんが、しかし、古いという点は動きません。

それでは、空海の新しさは何かということになるのですが、まず第一に、空海の学んだ密教が新しいものでした。中国仏教史を振り返ってみますと、玄奘の後、義浄がインドに渡ります。義浄は戒律の勉強のためにインドに行くのですが、結果的には陀羅尼経典や、悉曇《しったん》（梵字の学習システム）を中国にもたらし、中国密教全盛時代への橋渡しをします。さらにその後に、善無畏（インド名シュバカラシンハ）や金剛智（インド名ヴァジュラボーディ）というようなインドの密教僧が中国にやってきて、密教の時代が本格的に始まります。善無畏が長安に来たのは七一六年、金剛智は少し遅れて七二四年に洛陽に、七三六年に長安には入っています。中国の密教は、インド最新の仏教が、そのまま同時代の中国に移植されたもので、もっとも新しい仏教の形でした。『性霊集』を編纂した真済も「印度の新教」と称しています。

唐という時代は、「新しさ」に対する感覚を濃厚に持っていた時代でした。その新しさに対する感性は「モダニズム」の問題として捉えなおすことができます。そういう視点から見れば、唐文化は、七世紀初頭以後二百年ほどの間の東アジア世界においては、近代における西欧文化と同じような役割を演じていると考えることもできるのです。現在の歴史区分で「古代」だから、何もかも古いと考えるのは間違いです。唐文化に強い影響を受けた日本の奈良・平安初期の時代は、古いどころか実に「モダン」な時代だったのです。この良し悪しは別にして、「新しさ」に対する感覚が生き生きと脈打っている時代だったのです。

その新しい文化に全身で感応したのが空海でした。「日本」という国家が誕生したのは七世紀後半のことでした。それは唐王朝の成立という東アジア世界の新しい国際状況に対応する出来事だったのですが(朝鮮半島での新羅、東北アジアでの渤海の成立なども同じ文脈にある出来事です)、それ以後、特に奈良時代を通じて急速に「近代化」された新興国家「日本」が最後に生み出した、それだけに大変ラディカルなモダン・ボーイ、それが私の目に映る空海の姿です。

空海を考えるとき、唐を中心とした東アジア世界の歴史的展開を抜きにして考えることはできません。八世紀という時代をとってみると、長安から発せられる唐文化の光は広く東アジア世界の全域に行き渡っていました。天平の甍《いらか》に映えていたのもその光です。空海は、その時代に生まれ、その時代に学び、それを自らの生きかたとして具現し、それに日本的な形を与えた人物です。それが私の視点からする空海の歴史的評価です。

しかし、繰り返すようですが、それは空海が意図して、あるいは望んで、そうなったのではありません。長安に行き、西明寺で不空の密教を見出し、般若に学び、恵果に出会うという状況のなかで、少しずつ、空海にもわかってきたことだと私は思います。ただ、時代の精神とでもいうべきものを、それと知らないうちに引き受け、そのもっとも先鋭的な表現者になる人物はどの時代にも現れるものです。空海はそういう人物の一つの典型なのです。

『請来目録』は、「還源の思い」に駆られながら、やみくもに自己探求の道を歩んでいた一人の青年が、長安で初めて自らに与えられた歴史的使命を自覚した記念碑として読むべき作品である、と言うべきかも知れません。『聾瞽指帰』のなかに「未だ思うところに就かざるに三八の春秋を経たり」という言葉が書かれていましたが、長安に来て初めて、その「思うところ」をしっかりと自分の手に摑んだ、と空海は感じたに違いありません。『聾瞽指帰』に見られた逡巡は、『請来目録』からはもはや完全に姿を消し、そこには新しい使命感にはちきれそうな自信に満ちた空海の言葉が連ねられています。

その自信の拠って来たるところが何かと考えるときに、恵果という先進的な阿闍梨と出会えたことは、空海にとって、大きな事件であったと思わざるをえません。恵果は不空の六大弟子の一人であり、空海が長安に入ったときには、不空の法脈を嗣《つ》ぐ長安では唯一人の阿闍梨でした。西明寺に留住してから後の留学生活を、『請来目録』「表」のなかで、空海は次のように報告しています。

ここに則ち、諸寺を周遊し、師依を訪択す。幸いに青龍寺の灌頂阿闍梨、法号恵果和尚に遇い、以て師主とす。その大徳は、則ち、大興善寺の大広智不空三蔵の付法の弟子なり。……我に授くるに発菩提心《はつぼだいしん》の戒を以てし、我に許すに灌頂道場に入るを以てす。受明《じゅみょう》灌頂に沐すること再三にして、阿闍梨の位を受くること一度なり。肘行膝《ちゅうこうしつ》歩《ぽ》して、未だ学ばざるを学び、稽首接足《けいしゅせっそく》して、聞かざるを聞く。幸いに、国家の大造と大師の慈悲に頼り、両部の大法を学び、諸尊の瑜伽《ゆが》を習う。

この文中に見える「未だ学ばざるを学び」、「聞かざるを聞く」という個所は、空海の留学生活の成果をよく表現している言葉です。まさに「未知との遭遇」、それが長安での空海の留学生活を要約する言葉なのです。恵果の存在そのものについても、空海は長安に来て初めて知り得たことだったのでしょう。空海は「幸いに遇う」という言い方をしていますが、事実においても、あと一年、空海の入唐が遅くなっていたとするならば、空海はもはや恵果と会うことすらできなかった、ということはすでに述べたとおりです。

「未だ学ばざる」ことというのは、一言で言えば、不空の密教のことですが、それは大きく分ければ三つの部分から構成されています。一つには不空新訳の密教経典、二つには梵字テクスト、三つには曼荼羅です。それは、「目録」に明瞭に示されていますので、次にそれらを「目録」に即して、順番に見てゆくことにしましょう。

2 不空新訳経典——古人未だ伝えざる所、略《ほぼ》この中に在り

「目録」は大きく二つの部分に分けられています。第一は書籍の部、第二は図画・器物の部です。それぞれの部はさらに以下のように細分されています。

第一部　書籍
(1)新訳等の経、百四十二部二百四十七巻
(2)梵字真言讃等、四十二部四十四巻
(3)論疏章等、三十二部百七十巻

第二部　図画・器物
(1)仏・菩薩・金剛・天の図像、曼荼羅、阿闍梨影など、十鋪
(2)道具、九種
(3)阿闍梨付嘱物、十三種

空海以前の入唐僧も少なくないのですが、彼らがはたして「請来目録」のようなものを作成して帰国報告書に添えていたかどうか、何も伝存していないのでわかりません。中国

で撰述された訳経目録は、『出三蔵記集』から始まって『開元釈経録』（七三〇年、智昇の撰述。以下『開元録』と略称）に至るまで、ほとんどすべてが奈良時代に請来されていました。玄昉の一切経将来は『開元録』によったものと思われます。しかし、「請来目録」と言われるもので現存しているもっとも古いものは、最澄の『台州録』と『越州録』、次いで空海の『請来目録』なのです。

最澄は二部の請来目録を「帙《ちつ》」単位にまとめて記述しています。「帙」というのは本を納める折り畳み式の枠だと考えておけばよいと思いますが、最澄の目録は、その帙ごとに記載するという方式です。物に即した方式ということで即物的と呼んでよいと思います。この即物的方式は目録と実物を照合する場合には便利ですが、そこから目録作成者の意図なり思想なりを読み取ることはできません。せいぜい一般的傾向、例えば最澄の『台州録』であれば、『法華経』と『摩訶止観』関連の書籍が中心になっている、ということぐらいしか読み取れません。

それに対して空海は、先に示したように、整然とした独自の分類項目を設け、その項目に従って将来品をリスト・アップしています。これだけでも空海の新機軸と呼んでいいものなのですが、空海はさらにそれぞれの分類項目に短い説明文を加えて、そこに列挙されたものが、空海自身の立場から見て、どのような意味や価値を持っているかを示そうとしています。つまり、空海の場合、分類そのものが思想的意味を担っていると言うべきなのです。

そこに整然と分類されている項目が主張しようとしている思想の内実は多岐にわたり、複雑な様相を見せるのですが、それを一言で要約すれば「新しさ」という概念に尽きるように思われます。しかも、空海はその「新しさ」を、意識的に前面に押し出しています。「目録」の冒頭に置かれているのは、「新訳等の経、百四十二部二百四十七巻」ですが、「目録」を読む人の目に最初に飛び込んでくるのが「新」という文字なのです。

ここで一言断っておきますが、当時の留学僧や請益僧が持って帰るものは、原則として、すべて新しいものです。最澄の場合にも、その点は、少しも変わりません。しかし、それらの将来品に、ことさらに、「新しさ」というマークを貼り付け、それを思想として主張するかどうかは別の問題です。空海における「新しさ」は、新しいものを「新しさ」として主張するその思想にあるということ、そこに注目して頂きたいと思います。

さてそれでは、空海がことさらに「新訳」と言っているものが何なのか、それを見てゆくことにしましょう。世間で「新しさ」をことさらに主張する物は、たいてい羊頭狗肉の類が多いのですが、我らが空海の場合ははたしてどうなのでしょうか？

「目録」では、「新訳経典」の部類では、さらに次のように下位区分されています。

(a)不空訳　百十八部百五十巻
(b)般若訳　四部六十一巻
(c)勿提犀魚訳《ぶつていせいぎょ》　一部一巻
(d)尸羅《しら》達摩《だるま》訳　二部十巻
(e)無能勝《むのうしょう》訳　二部三巻

圧倒的に不空訳の経典が多いことがわかります。他の四人の訳者たちも、不空の後に中国に来たインド僧たちで、おおむね不空の創り出した密教空間を活動の場としていた人たちです。そういう訳ですので、ここでは、不空の新訳経典を中心に見てゆくことにします。まず、ごく簡単に不空という人物について考えておくのが順序でしょう。不空という人物は、空海によって紹介されるまで、日本では未知の人物でした。ですから、空海は不空がどういう人物であるかを、不空の新訳経典リストのすぐ後のところでちゃんと紹介しております。ただ、そこでは大日如来—金剛薩埵《さった》—龍猛—龍智—金剛智—不空という密教付法の系譜が中心になっていますので、現在の読者がその系譜をすぐに理解するのは困難です。そこで、もう少し基本的なところから説明しておくことにしましょう。

「不空金剛」という名称は中国名であり、しばしば「不空」と簡略化されます。本名はアモーガ・ヴァジュラといいます。「アモーガ」(amoga)が「不空」、ヴァジュラ(vajra)が

「金剛」を意味しています。インド人を父とし、ソグド人を母とする、西域人です。七二〇年、十六歳のときに洛陽に来て、ちょうどその頃洛陽に来ていたインド僧金剛智の弟子となり、密教を学びます。金剛智の没（七四一年）後、不空はインドに戻り、多くの密教経典を持って中国に再来（七四五年頃）、安史の乱直後の長安に入り（七五六年）、以後玄宗皇帝の信任を得て、将来した密教経典を次々と漢語に翻訳してゆきます。そういうわけで、不空は、鳩摩羅什《くまらじゅう》、玄奘と並んで、三大訳経者の一人に数えられています。

不空が本当の意味で活動を始め、名実ともに中国密教の大成者になるのは、インドから帰り、玄宗皇帝の帰依を受けてから以後のことです。年代で言うと、七五七年から七七四年までの十七年間のことです。しかも、訳経のことで言えば、不空の新訳経典が目録化され、一般に広く流布されるようになるのは、唐の大暦六年（七七一）以後のことでしたから、空海が入唐する年の、わずか三十年ほど前のことでした。

七九四年、日本では平安京遷都の年ですが、そのときに、空海が後に留住するようになる西明寺に住していた円照が『続開元釈教録』（以下『続開元録』と略称）を作成して、そのなかに不空の新訳を改めて網羅的に目録化しております。円照はさらに『開元録』と『続開元録』を総合して『貞元新定釈教目録』（以下『貞元録』と略称）を完成します。それは西暦八〇〇年のことで、空海入唐の直前のことでした。

後に空海の作成した不空新訳のリストは、多少の出入りはありますが、大体において、その『貞元録』を参考にしています。項目の順序も大筋で同じです。つまり、空海は西明寺に入って、完成されたばかりの『貞元録』を参考にしながら、不空の新訳経典の収集と研究を行うことができたということです。その『貞元録』がなければ、いくら空海といえども、これだけ完備された請来目録を作り上げることはできなかったと思います。『貞元録』は空海の用いた最重要文献の一つで、もちろん、空海の『請来目録』にも記載されています。

以上のような状況でしたので、空海が留学した頃、不空の密教は最新のものというふうに、空海にも感じられたはずです。同時代の先進文化というものは不思議な魅力をもって周辺の人々を引きつけます。空海に対して不空の密教が持っていた価値を一言で言えば、同時代の先進文化の精華、というところにあったと思います。福沢諭吉にとっての西欧文化と、具体的な内実は異なりますが、比較文化論的意味においてはまったく同じ誘惑と自己同化の関係が見出されるのではないかと思います。

不空新訳「百十八部百五十巻」の具体的な内容については本書で触れることはできませんが、それは文字通り、「未だ見ざるもの」「未だ聞かざるもの」のオンパレードでした。空海は、さらにだめ押しをするかのように、不空訳経典リストの最後に、「已下は貞元目録に載せず」と注記して、十三部十五巻の経典名を挙げています。『貞元録』にさえ載っていないものも将来した、という自負がそこにははっきりと書き込まれています。

残念ながら、その十三部のうち、「金剛頂瑜伽毘盧遮那三摩地法」と「金剛峯楼閣一切瑜伽瑜祇経」（これは「金剛峯寺」の名称の由来となる経典です）の二部は、金剛智の訳で、不空は金剛智の弟子として何らかの形で翻訳に参加したことは確かですが、この二つを不空の新訳とすることはできません。「弘法にも筆の誤り」、空海にも若干の手抜かりはあるのですが、そこからはかえって空海の「目録」のリアリティが直接に伝わってくるように、私には感じられます。

空海にとっても、不空から恵果へと相承された密教体系との出会いは、予期せぬ出来事だったのではないかと思います。長安に来たからこそ、その出会いはあったのであり、そういう意味では、空海の人生にとって、長安という都市は大変重要な意味を持っていました。その出会いの衝撃が、『請来目録』という作品を生み出し、支えている力の源泉なのです。

密教の根本的な新しさを、空海は顕密の区別、つまり顕教に対する密教の優位的差異のなかに見出しています。「目録」の不空新訳経典のリストにつけられた説明文には、それが次のような言葉で語られています。

法界《ほっかい》は一味なり。機に随って深浅あり。五乗の鑣《くつばみ》を分かち、器《うつわ》を逐《お》って頓漸《とんぜん》あり。頓教の中に顕あり密あり。……夫《そ》れ、顕教は則ち三大の遠劫《えんごう》を談じ、密蔵は十六大の大生を期す。遅速、勝劣は、猶《なお》し神通と跛驢《はろ》の如し。善を仰ぐの客、庶《ねがわ》くはその趣を暁《さと》れ。

空海は後に『弁顕密二教論』という論文を書いて、顕教と密教の違いに理論的な基礎付けを行っています。それが後世の日本密教の方向と色調を決定することにもなるのですが、その淵源は『請来目録』にあると言えるでしょう。顕教に対する密教の優位は、ここでは、成仏の速い遅いということを基準に言われているのですが、その根拠となるのは三密（身体・言語・精神）を総動員した修行者個人の実践形態（空海の言う「修禅」）にあることは、すでに第一章で述べたとおりです。

新訳ということで言えば、「目録」には般若の新訳経典四部が含まれていることも見逃せません。特に、新訳の『華厳経』四十巻は般若から直接に授与されたものでした。般若は、恵果とともに、空海が自分の師匠であることを明らかに告白している人物であったことは、先に見たとおりです。文字通り、空海の師匠の一人でした。特に、悉曇の学習において重要な役割を演じた人物ではないかと思われます。般若については、この後、梵字テクストに関連して話さなければなりませんので、今はそのことだけを指摘して、新訳経典に関連して、最後に、もう一つのことを話しておきたいと思います。

新訳経典の項の表題は、実は、「新訳等経」というふうに、「等」という文字が入っています。この「等」は、実際には、不空以前の経典を指しています。そのなかには、金剛智の『金剛頂瑜伽中略出念誦経』などの重要な経典も含まれています。注目したいのは、それに付けられた説明文で、ごく短く次のように書かれている個所です。

> 或いは近訳にして未だこの間に伝わらず、或いは旧訳にして名来たりて実を闕《か》く。古人の未だ伝えざる所、略《ほぼ》この中に在り。

「古人の未だ伝えざる所、略この中に在り」と言い切れるのは、やはり、相当の自信があってのことではないでしょうか。序でながら、この個所での「近訳」と「旧訳」との対比にも、次章で述べるように、モダニストとしての空海の自覚が表われていることを、指摘しておきたいと思います。

どれが「近訳にして未だこの間に伝わらず」であり、どれが「旧訳にして名来たりて実を闕く」に相当するのか、十分な調べはついていません。しかし、先の『金剛頂瑜伽中略出念誦経』が天平年間に書写されているのは確かなので、事実上はどちらにも相当しないのですが、そのことから逆に留学前の空海がその経典を見ていなかったことが確認できます。その経典は金剛頂経系密教の最重要経典で、金剛智の訳ですが、不空密教においても基本文献の一つです。これを知らなかったということは、留学前の空海が、まだ金剛頂経系密教を知らず、したがって不空の密教を知らなかったことも意味しています。

それはともかくとしても、この「古人の未だ伝えざる所」という表現を、「表」に書かれていた「未だ学ばざる」、「未だ聞かざる」などという文句と並べてみれば、空海がしきりに「未だ」という文句を用いながら、いかに「新しさ」に対して意識的であったか、またいかにその「新しさ」を主張することに熱心であったかを知ることができるでしょう。

3 梵字テクスト——源《みなもと》を存《たも》つの意《こころ》、其れ茲《ここ》に在り

空海の『請来目録』の際立った特徴として、梵字テクストが一つの分類項目として建てられていることがあげられます。「目録」では、「新訳等の経」の次に「梵字真言讃等」とあるのがそれです。私が「梵字テクスト」というのは、梵字つまりサンスクリットの文字で書かれたテクストです。言い換えれば、漢語に翻訳されないで、インドで用いられている原文そのままのテクストです。すべてが陀羅尼、真言、あるいは「讃」と呼ばれるもので、普通の経典とは違って、密教修法のなかで特殊な、しかし不可欠にして重要な役割を演じるテクスト群です。

私たちが知っている仏教経典はみな漢訳された経典です。仏教はインドで生まれた宗教ですから、その経典は言うまでもなくもともとはインドの文字、インドの言葉で書かれています。中国仏教においてはいわゆる「大乗」仏教が重要ですので、それに話を限りますと、「大乗」仏典はすべて、インドではサンスクリットで書かれていました。中国人はそれを漢語に翻訳し、その翻訳された経典を基に仏教を受容していたのです。ですから中国仏教の基礎はあくまでも漢訳経典です。

ところが八世紀になって密教経典が中国に本格的に導入される頃になると、翻訳上、大きな問題が生じてきます。それは密教経典が、それまでの経典と違って、教義を説くということだけではなく、修行の手続きを説くようになるからです。しかも、密教の修行には必ず真言（＝マントラ）というものがついて回ります。

密教的修行は、身に印《ムドラー》を結び、口に真言《マントラ》を唱え、心に仏菩薩などを観想《サマーディ》することで成立します。詳しいことは省略せざるを得ませんが、真言つまりマントラは一種の呪文です。呪文ですから意味を捉えにくい言葉ですが、意味がある場合でもたいていは、修行中に観想している尊格の名を呼び出し、それに帰命する、というようなごく簡単な内容のものです。例えば、虚空蔵求聞持法では、虚空蔵菩薩の名「阿迦捨掲婆《あきやしやぎやば》」（サンスクリットでは ākāśagarbha アーカーシャガルバ）が百万遍唱えられることになるわけです。

観想の対象である尊格を呼び出し、語りかけるのが真言の基本的な機能なのです。尊格の名称もフルネームではなく、しばしば象徴的な音節にまで還元されてしまいます。尊格の固有名を用いての呼びかけですから、真言というのは翻訳できない言語であるし、翻訳しても意味をなさないのです。わかりやすく言えば、人の名前と同じレベルにある言葉なのです。恋人の名を呼ぶとき、恋人の名を呼ぶときにその名の意味を考える人はいません。ジュリエットがロメオの名を呼ぶとき、それは「ロメオ」という名を呼ぶことによって、ロメオの姿を目の前に呼び出すためなのです。それと同じで、真言とは、行者が瑜伽（＝ヨーガ）すべき尊格を呼び出すための名称にすぎません。従ってまた、真言は観想という実践と密接に結びついています。

そう考えてくれば、これは何も密教に限ったことではなくなります。事実、密教が本格的に中国に導入される八世紀よりも前の段階で、すでに真言や陀羅尼の翻訳をどうするかという問題は起きていたのです。玄奘は、それらを訳さないでサンスクリット原音をそのまま用いる、という原則を立てました。玄奘いうところの「不翻《ふほん》」の原則です。訳さない、というのはサンスクリットをそのまま用いるというのではなく、そのサンスクリットの音を、漢字で写すということです。いわゆる「音訳」です。よく知られた『般若心経』の最後に唱えられる「心陀羅尼」

羯諦羯諦《ギャテイギャテイ》波羅《ハラ》羯諦《ギャテイ》波羅《ハラ》僧羯諦《ソウギャテイ》菩提《ボウヂ》薩婆《ソワ》訶《カ》

がまさにその「不翻」の一例です。サンスクリットの原文は

gate《ガテー》 gate《ガテー》 pāragate《パーラガテー》 pārasamgate《パーラサンガテー》 bodhi《ボーディ》 svāhā《スヴァーハー》

です。音訳というのはこのサンスクリット原文を、漢字の音で可能な限り正しく表そうとしたものにすぎません（現在の日本での慣用読みは原音から大きく隔たっていますので、音訳の機能すら果たしていません）。

この心陀羅尼出てくる語は、最後の svāhā を除き、文法的に言えばすべて「呼格」、つまり呼びかけのときに用いられる形態です。この陀羅尼の場合には、意味がないわけではないのですが、意訳するとかえって呼びかけとしての神秘的な力がそがれてしまいます。だから、玄奘も「不翻」の原則を維持したのだと思います。

中国人は漢字という文字しか持ち合わせていませんから、漢字を使って音訳したのですが、それでも本当はどう読むのかという問題は常に起きていたと思われます。ですから真言は面授されるべきもの、つまり阿闍梨から弟子に直接授けられるべきものとされていました。ところで、八世紀中頃になりますと、長安を中心に、真言は音訳するのではなく、サンスクリット原音のまま授け、あるいは受けるというふうに変わってきます。多くのインド僧が長安に来るようになったことの結果だと思いますが、私の考えでは、そのやり方

を原則として立てたのはどうもインド人の不空金剛ではなかったかと思います。

真言は尊格を呼び出す呪文ですから、音として正しく唱えなければなりません。呼び出されるのはインドの尊格ですから、インドの名前をそのまま使うのが一番正しいわけですし、呼び出される尊格にしてもそれが一番わかりやすいのです。変に中国風に訛《なま》ってしまえば、間違うことだってあります。そういうふうに不空が考えたかどうかはわかりませんが、漢字音訳の真言ではなく、梵字そのままの音と形で真言を授ける、というふうに変わっていった背景には、必ずや、そういう思考が働いていたのではなかったかと思われます。

そのことは、「目録」のなかで空海が梵字テクストの効用を説いている説明文からも明確に窺うことができます。その説明文というのは次の通りです。

釈教は印度を本《もと》とす。西域・東垂、風範天に隔《はるか》たれり。言語、楚夏《そか》の韻と異なり、文字篆隷《てんれい》の体に非《あら》ず。その故に、かの翻訳を待って、乃ち清風を酌《く》む。然《しか》も猶、真言幽《ゆう》邃《すい》にして、字字の義深し。音に随って義を改めれば、賒切《しゃせつ》謬《あやま》り易し。粗《ほぼ》髣髴《ほうふつ》を得て、清切《せいせつ》を得ず。これ梵字にあらざれば、長短別《わか》ち難し。源《みなもと》を存《たも》つの意、それ茲《ここ》に在るか。

現代語に訳せば、ほぼ次のようになるでしょう。

仏教はインドが本源であって、西域と中国とは遠く離れている。言語は、中国の音韻と異なり、また文字も中国の文字とは違う。そうであるから、翻訳というものを通じてその教えを受け入れたのである。しかし、真言は奥深いもので、その一文字一文字の意味も深い。音が異なれば意味も異なり、しかも正確に発音するのが難しい。翻訳でも大体のところはわかるが、正確を期すことはできない。また、梵字を使うのでなければ、長短を区別することができない。本源の文字である梵字をそのまま用いることの趣旨は、まさに、ここにあるのだ。

サンスクリットの音律は長短を基礎としています。つまり、サンスクリットにおいては、母音の長短の区別は基本的要素なのです。それに対して、漢語には長短の区別がありません。「梵字にあらざれば、長短別ち難し」というのは、そのことを言っているのです。例えば、虚空蔵菩薩の固有名は、先にも示しましたが、アーカーシャガルバ（ākāśagarbha）ですが、これが漢語に音訳されると「阿《あ》迦捨掲婆《きやしやぎやば》」というふうになって、音の違いは別としても、第一・第二音節の長音は漢語では再現できません。この欠点を補うために「阿《か》」とか「迦《か》」の字の次に「引」（「延ばして発音する」の意）というような指示記号を添えるなどの手法も開発されたのですが、もちろん、それで完璧というわけにはゆきません。「粗髣髴を得て清切を得ず」と言っているのは、まさにそのことなのです。

そのような状況を根本的に改善するには、やはり、原文をそのまま用いるのが最善の方法です。カタカナを用いて英語の発音を覚えるよりも、英語の原綴を知り、英語の発音のままに習得するのでないと、ものの役に立たないのと同じことです。空海の時代には、梵字はシッダマートリカー（siddhamātrikā）と呼ばれる字体で書かれており、そのシッダマートリカーの字母表（アルファベット）のことをシッダン（siddham）と言い、漢字では普通「悉曇」（現在は慣用的には「しったん」と読む）という文字を宛てていました。

その悉曇を知らなければ「真言」を正しく唱えることができない、原文のまま読み書き発音できるのでなければ、真言を真言として習得したことにはならない。それ以前には見られなかったそういう認識が長安の密教指導者の間では、常識になっていたのです。不空の弟子である恵果の道場では、それが厳密に行われていたらしいことは、恵果からの付法の経過を報告する空海の文章に照らして間違いありません。

そこには、六月上旬、胎蔵曼荼羅の壇場に入り、学法灌頂を受けた後に、「胎蔵の梵字儀軌を受け諸尊の瑜伽観智を学ぶ」と記されていました。そこに書かれている「胎蔵の梵字儀軌」というところに注目してください。それは梵字で書かれた「胎蔵儀軌」のことです。その事実に対応するかのように、「目録」の梵字テクストの部分には、筆頭に「梵字大毘盧遮那胎蔵大儀軌」、「梵字胎蔵曼荼羅諸尊梵名」が挙げられています。

また、八月上旬の伝法阿闍梨位灌頂を受けた後には「金剛頂瑜伽五部の真言密契を相続けて受く。梵字梵讃、間を以て之を学ぶ」とあり、そこでも「梵字梵讃」と明記されています（本当は七月の金剛界灌頂の記事の後にあるべきものです）。「目録」の「梵字金剛頂蓮華部大儀軌」、「梵字毘盧遮那三摩地儀軌」などが、この金剛界灌頂に対応するテクストです。つまり、胎蔵壇場における学法灌頂の後は梵字の胎蔵儀軌、金剛界の学法灌頂の後には金剛界の梵字梵讃を学ぶ、という順序なのです。つまり、灌頂の後の儀軌学習の段階においては、梵字の知識が必須のものとして要求されていたのです。

しかしこのような灌頂の場における梵字テクストの使用は、空海にとってはまったく予期せぬこと、「未だ聞かざる」ところのものでした。最澄の『越州録』を見ますと、順暁《じゅんぎょう》からの受法に併せて、最澄も「念誦法」を授与されているのですが、そこには胎蔵の梵字儀軌は見当たりません。梵字文献としては、『台州録』に「梵漢」の陀羅尼テクストが載せられている程度で、順暁からの受法を反映するはずの『越州録』には梵字儀軌らしきものは見当たりません。つまり、順暁は梵字テクストを用いていなかったと推測されます。

空海の将来した梵字テクストは、総数で、四十二部に及んでいますが、そのなかでも上記の四部、胎蔵・金剛界灌頂に関する儀軌四部は、もっとも重要なものです。例えば、『胎蔵大儀軌』には二百四十五種類の真言が、『胎蔵曼荼羅諸尊梵名』には三百五十八尊の名前が、梵字で書かれています。

それ以外の大部分のものは、独立した真言陀羅尼の類で、なかでも「普賢行願讃《ふげんぎょうがんさん》」などは日本でも非常にポピュラーな梵字テクストですが、これは先にも少し触れた般若の『新訳華厳経』(『華厳経』の「普賢行願品《ぼん》」だけを新訳したもので「四十華厳」とも言われる)の最後に出てくる、普賢菩薩讃歎の偈頌《げじゅ》です。したがって、灌頂の儀式に直接関係するものではありませんが、それも空海は梵字で書かれたテクストで将来しているのです。

これらの大量の梵字テクストは、胎蔵・金剛界の両部から成る恵果の密教体系の新しさを、後でも述べる曼荼羅の図像とともに、目に見える形で人々に印象づけるものであったと思われます。「釈経は印度を本とす」と空海が言うように、七、八世紀の長安では、インドは決して遠い想像の国ではなく、すぐ身近にその実在を感じられる国だったのです。因みに、この「印度」という語を最初に使い始めたのは玄奘でした。空海が「印度」というときにも、空海の弟子の真済が「印度の新教」と書くときにも、その感覚は共有されていると思います。なにしろ空海はその「印度」の言葉で、真言を唱えることができたのですから。

梵字テクストは真言だけに限られてはいません。すべての経典は、元をただせば、すべて梵字テクストです。インドでは、経典は「梵夾《ぼんきょう》」と言われる特殊な形をした書物に書かれていました。現在でも、チベットでは、その「梵夾」が使われています。テレビでチベット寺院の様子が放映されるときに、お坊さんたちが手で繰りながら読んでいるのがその

「梵夾」ですから、ご存じの方も多いと思います。そこに書かれているのは、サンスクリットの経典ではなく、もちろんチベット語に訳された経典ですが、サンスクリットもチベット語も横書き文字を使いますので、「梵夾」の形は保存されているのです。

中国や日本で「梵夾」という場合は、一般的には、経典のサンスクリット原典ということです。その「梵夾」も空海は将来しています。『請来目録』では、最後の「阿闍梨付嘱物」に分類されています。「阿闍梨付嘱物」とは、もちろん、恵果からの付嘱物が中心になるのですが、それと並んで般若からの付嘱物として「梵夾三口」が記載されています。そこには般若が空海に直接語った文言が引用されています。興味深い記事なので、ここで紹介しておくことにしましょう。

般若三蔵告げて曰く、「吾が生縁《しょうえん》は罽賓《けいひん》国なり。少年にして道に入り、五天を経歴す。常に伝灯を誓いてこの間に来遊す。今桴《いかだ》に乗らんと欲するに、東海に縁無く、志願を遂げず。我が訳するところの新華厳・六波羅蜜経、及びこの梵夾、将《も》ち去りて供養せよ。伏して願わくは、かの国（＝日本）に縁を結びて、元元を抜済せんことを」。煩を恐れて一二せず。

これを読むと、般若金剛は、機会があれば日本にも行きたいと思っていたらしいのですが、その思いをどうやら空海に託したらしいのです。こうしてみると恵果の付託に加えて、般若の付託をも空海は背負って、帰国したことになります。

それはさておき、ここで重要なのは般若から直接に与えられたかの「梵夾」が何であったかということです。詳しいことは残念ながらわからないのですが、それが「梵夾」と言われているのをみれば、「梵字真言讃」の項目に記載されているような梵字テクストではなく、本格的な経典の梵字テクスト、つまりインドの仏典であったのだと思われます。

先の引用文中に、「新華厳・六波羅蜜経、及びこの梵夾」、と書かれていることから推測すれば、それが、「四十華厳」あるいは「六波羅蜜経」の原典であった可能性も排除できません。この二つの経典の翻訳本はもちろん「新訳等の経」の項目に記載され、将来されています。

空海は帰国後、嵯峨帝と親密な交友関係を築きますが、弘仁五年（八一四）のある日、他の雑文・書跡と一緒に、自著である『梵字悉曇字母並びに釈義』なる文章を上進しています（一九九頁に後述）。その上表文のなかには、「竊観の余暇に時に印度の文を学び」、という文言が見えています。この「印度の文」とは、言うまでもなく梵字＝サンスクリット字母で書かれた文章のことです。空海にしてみれば、それは長安の留学生活を思い出すよすがでもあったでしょうし、そこで学んだ悉曇の復習の意味もあったでしょう。

その場合に、般若から貰った「梵夾三口」が取り出されなかったとは考えられません。

梵字真言の類は、「梵漢差《たが》うことなく」覚えてしまっているのですから、「窟観の余暇に」学ばれた「印度の文」は梵字で書かれた経典であったと思われます。高雄山寺の宿房で、梵夾を読みふける空海の姿を想像してみてください。その光景そのものが、日本ではそれまでに決してなかった光景なのです。空海は日本人で初めて「横文字」を読んだ人としても記憶されるべきだと私は考えています。

4 曼荼羅——密蔵の要実、これに繋《かか》れり

胎蔵・金剛界の灌頂を終え、その後の伝法阿闍梨灌頂も無事終えたとき、恵果から次のように告げられたと、空海自身が『請来目録』のなかで述べています。

「真言秘蔵は経疏隠密にして、図画を仮らざれば相伝すること能わず。」

要するに、真言秘密の教えは経典とか注釈書などには明らかに述べられていないので、図像を使わなければ十分に伝えることができない、と恵果はいうのです。曼荼羅図像が密教の理解には不可欠の要素であることを、恵果から教えられたのです。灌頂が密教付法のプログラムに組み込まれ、そこでは曼荼羅が不可欠の要素とされている以上、それは当然のことです。空海も今や一人前の阿闍梨になったわけですから、曼荼羅を作製できなけれ

ばなりません。そうでなければ灌頂の儀式も執り行えなくなり、密教宣布どころではなくなります。

そこで空海は、恵果の指導を受けながら、宮廷供奉の画師であった李真《りしん》などに依頼して、胎蔵・金剛界の大曼荼羅を描かせることにします。それは、金剛頂経関係の経典の書写、金剛杵《しょ》や金剛鈴などの密教法具の作製と並行して、四カ月足らずの短期間のうちに急ピッチで進められました。空海よりもむしろ、余命いくばくもないことを自覚する恵果の方が急いでいました。新作されたこれらの曼荼羅・法具などもすべて、それぞれ項目を分かって、「目録」に記載されています。

なかでも、極彩色で描かれた胎蔵・金剛界の曼荼羅は大きいもので、縦横がそれぞれ四、五メートルもある精緻な図像でした。曼荼羅は、「曼荼羅模様」という言葉にもなっているくらいに、実に多くの仏・菩薩・天などの像が描き込まれています。密教関係の展覧会では展示の目玉にもなり、またもっとも人気の高いものですから、曼荼羅の一つや二つ見たことのあるという人は少なくないと思います。

漠然と見ている間は単なる「曼荼羅模様」の図絵ですが、一つ一つの細部を細かく見てゆけば、それが精密に構成された仏教的宇宙（仏教では「法界」と言います）の表現であることが理解されるようになります。それぞれ『大毘《だいび》盧《る》遮那《しゃな》成仏神変加持経《じょうぶつじんぺんかじきょう》』（普通には『大日経』と略称）、金剛頂経系の諸経典（『金剛頂経』という経典はありません）に依拠して、それぞれの諸尊を一定の秩序に配置したものです。

曼荼羅の説明文の最後に、空海が、「海会《かいえ》の根源、これ乃ちこれに当れり」と言っている「海会」とは、まさに曼荼羅に描かれた密教的コスモスを言う言葉です。その根源が、曼荼羅に表現されているというのです。その意味においては、曼荼羅は密教的コスモスそのものの表現であり、私たちの生きる世界が諸尊の象徴的関係によって図像的に捉えられ、表現されたものであると言ってよいでしょう。

空海自身の説明文はたいへん興味深いものです。少し長いのですが、ここに全文を引用しておきましょう。

法はもと言《ことば》無けれども、言にあらざれば顕《あら》われず。真如《しんにょ》、色《しき》を絶つといえども、色を待って乃ち悟る。月指に迷うと雖《いえど》も、提撕《ていせい》極まり無し。目を驚かすの奇観を貴《とうと》ばず。誠に乃ち、国を鎮《しず》め、人を利する宝なり。

しかのみならず、密蔵深玄にして、翰墨《かんぼく》に載せ難し。更に図画を仮りて悟らざるに開示す。種々の威儀、種々の印契《いんげい》、大悲より出でて、一覩《いっと》に成仏す。経疏秘略にして、これを図像に載せたり。密蔵の要実、これに繫《かか》れり。伝法と受法、これを棄てて誰《なん》ぞ。海会《かいえ》の根源、これ乃ちこれに当れり。

最初の部分は、いわゆる「諸法無相」（存在の実相は本来、形や色を超えたものである）の真理を述べているのですが、しかしここではむしろ逆説的に、言葉と形象の重要性を主張することに重点が置かれているように思われます。曼荼羅は、しかし、「目を驚かすの奇観」を貴ぶものではなく、「国を鎮め人を利する」ための至宝ともいうべきものである、それが空海の曼荼羅に対する基本的な考え方です。

しかし、それは曼荼羅の精神的理念です。実際上の要点は、「しかのみならず」以下の後半部分にあります。そこには恵果の教えを踏まえて、空海自身の曼荼羅観が述べられているように思われます。要約すれば、密教の教えは深遠なものなので言葉では十分に表すことができない。そこで、図画を借りてそれを感覚的・象徴的に表現したものが曼荼羅である。一つ一つの尊格の「威儀」と「印契」は、皆、大日如来の「大悲」から生み出されたものであるから、そのことを理解した上で、それを見れば直ちに成仏できる。したがって、曼荼羅は密教の要諦であり、伝法にも受法にも不可欠のものである、というのです。そして最後に、先ほども引いた「海会の根源、これ乃ちこれに当れり」という、要点をピシッと押さえたような文句が置かれています。

日本では、空海以後、おそらく何万という数の曼荼羅が描かれ、現在もそれは続いていますが、その曼荼羅というものの源流は空海にまで遡ります。現在でも曼荼羅を見ると、何か異様な、私たちの日常世界にはない新鮮な印象や、時には違和感を感じる人は多いと思います。その理由はいろいろに考えられるでしょうが、しかし、結局は曼荼羅の持つ感覚性、美学的・芸術的な性格に帰着するのではないかと思います。曼荼羅は、芸術の持つ機能を密教的思想の表現のために応用したものですが、理知的なものを感覚的なものに変える一種の変換装置と考えればよいと私は思っています。

一枚の画布の上に展開される絢爛《けんらん》たる色彩の氾濫《はんらん》は、空海の戒め(「目を驚かすの奇観を貴ばず」)にもかかわらず、そしてその教義的意味付けをも超えて、空海の将来品のなかでも特に密教の「新しさ」をもっとも鮮やかに、そしてもっともわかりやすく、当時の人々に印象付けたのではなかったでしょうか。これらの図像が、伝統的な寺院空間のなかに、それまでには存在しなかった新しい空間を創り出してゆくのに果たした役割は、おそらく私たちの想像を超えたものがあったのではないか、と私には思われるのです。それはまた同時に、まったく新しい文化の始まりでもありました。

空海は全部で五鋪の曼荼羅を将来しています。その他に金剛智・善無畏・不空・恵果・一行《いちぎょう》の肖像画(「目録」のなかでは「影《えい》」と言われているものです)各一鋪が記載されていますが、これらの「影」の現物は、現在も東寺に伝存されています。また、東寺に伝存する「現図曼荼羅」と呼ばれるものは、空海将来の曼荼羅の系譜を引くものだとも言われています。

その後、入唐する学問僧は競って曼荼羅を、そして曼荼羅図絵のためのマニュアルである「図様《ずよう》」を将来するようになります。そこには、当時の日本人が曼荼羅をいかに大きな驚きをもって受け入れたかという事実が反映されているように思います。

以上、主な項目について『請来目録』の内容を検討してきたわけですが、そのどれもが空海のいうところの「未だ聞かざる」ものであったことは、理解していただけたと思います。空海は『請来目録』に記載されているもの以外にも、かなり多くのものを持ち帰っています。それらは後世、「録外」と呼ばれて若干は記録に残るのですが、その全貌は今となっては窺い知ることはできません。

そのような知られざる「録外」の将来品をも背景に置いて、改めて『請来目録』を見てみますと、それが主張しようとする「新しさ」というものが、いっそう際立って、見えてくるように思われます。つまり、『請来目録』はその「新しさ」を中核に据えて構成された作品であることが、改めて確認されるというわけです。

現在の私たちの感覚からすれば、『請来目録』はいささか古臭く、抹香臭い印象を与えるかも知れません。しかし、それは千二百年の時間が私たち『請来目録』とを遮《さえぎ》っているためであり、何よりも近代西欧文化の「新しさ」に私たちの目がなお晦《くら》まされ続けているからにすぎません。その時間を遡り、私たちの視野から西欧文化の光を遠ざければ、そこにはもう一つ別の、まぶしいほどの光を発散しながら輝いている『請来目録』という作品が浮かび上がってくるはずなのです。

第四章
弘仁のモダニズム

1　大宰府の法要——妄霧を褰《かか》げて以て大日を覩《み》、智鏡を懐《いだ》きて以て実相を照らさん

空海が『請来目録』を遣唐判官高階遠成に託したのは、第三章で述べたように、大同元年（八〇六）十月二十二日のことでした。遠成は、同年十二月十三日に復命していることが、『類聚国史《るいじゅうこくし》』（巻九十九「叙位四」）という書物に記載されています。『請来目録』は空海が渾身の力を振り絞って書き上げた傑作ですが、それがすぐに朝廷の官吏や都の知識人たちに理解されるという保証はどこにもありませんでした。密教という新しい形の文化に対する好奇心は彼らの間にも十分に行き渡っていましたが、「未だ聞かざるもの」「未だ見ざるもの」をほとんど完璧な形で持ち帰った空海という人物を、どう扱ってよいか、誰にも見当はつかなかったでしょう。

空海自身が予期していたことではなかったと思うのですが、延暦遣唐使の派遣を決定した桓武《かんむ》帝は、空海が帰国船に乗るために明州（現在の寧波《ニンポー》）に向かっていた頃に崩じ、その後を継いで、平城《へいぜい》天皇が即位していました。『請来目録』の「表」には新帝即位の祝辞をいち早く盛り込んではみましたが、それが新しい天皇によってどのように受けとめられるか、もとより空海にわかろうはずもありません。

新帝平城はいろいろと問題を抱えた皇帝でした。「風病」（今で言う「神経症」）の噂もあり、また「魔性の女」ともいうべき薬子《くすこ》との宿縁の関係も、皇太子時代から世間の知るところでした。統治者としては、桓武の政策に思い切った改革を加えたことで評価する研究者もいるのですが、私の印象ではその政策が一貫したものであったとは思えません。また、平城はどうやら「新しさ」に対する感性も持ち合わせていなかったようです。大宰府に居て、都からの通信や風聞を耳にしていた空海の心中は、どういうものだったでしょうか。

大宰府で入京の許可が下りるのを待っている空海に関して、私たちが現在確実に知ることのできる事実は、大同二年二月十一日に、大宰府の副官（大宰少弐）のために、亡母忌斎の願文《がんもん》を書いているということだけです（『性霊集』巻七「田少弐の為に先妣の忌斎を設くる願文」）。

「願文」というのは、法会に際して、その趣意を述べ、廻向《えこう》の祈願を述べるものです。空海の「願文」と称されるものは、現在のところ『性霊集』および『補闕抄』に合わせて四十一篇が知られています。これらの「願文」は、書簡とともに、空海の実像を追うための有力な資料なのですが、書簡と同じようにまだ本格的な研究は行われていません。

そのことはさておき、この願文の存在によって、空海が大同二年二月十一日には、まだ大宰府に滞在していたことが確認できます。『請来目録』上進の日からほぼ四カ月、高階遠成復命の日から数えても二カ月余の月日が経過しています。

大宰少弐のための「願文」に関してもう一つ注目しておくべきことは、その願文に書かれている法要の内容に、密教の新しい方式が、取り入れられているということです。その部分を次に読んでみることにしましょう。

是を以て大同二年仲春十一日、恭《うやま》いて千手千眼《せんじゅせんげん》大悲菩薩、並びに四摂八供《ししようはちく》養《よう》の摩訶薩《まかさつ》埵《た》等の十三尊を図絵し、並《なら》びに妙法蓮華経一部八軸、般若心経二軸を写し奉り、荒庭を掃洒《そうせい》し、聊《いささ》か斎席を設け、潔く香華《こうげ》を修して諸尊に供養せん。

この法会に際して図絵された「十三尊」は、千手千眼の観世音菩薩（いわゆる「千手観音」のことで、これ自体がすでに密教像です）を中心とする、一種の曼荼羅なのです。正統的な胎蔵および金剛界の曼荼羅を空海が将来したことは前章で述べたとおりですが、ここに描かれた曼荼羅は『請来目録』に記載されている曼荼羅とは少し趣を異にし、それらと比べればごく小規模なものです。

この法要が、『請来目録』に記載されている不空新訳の経典の一つ、「金剛頂瑜伽千手千眼観自在念誦法」によって行われたことは、ほぼ間違いありません。なぜならば、この経典の延久四年（一〇七二）写本の奥書に、「この唐梵対書の大悲瑜伽の本末両巻は、並びにこれ、高雄和上（＝空海）の大同初（年）を以て唐より太宰に帰り、自らこれを書して少弐田中朝臣に伝う」(『大正新修大蔵経』巻二十、八一頁校注)と書かれており、この時に空海は法要を行うばかりではなく、その典拠となった経典を自ら書写して、大宰少弐に与えている、という事実があるからです。

奥書に「唐梵対書の」と書かれていることに注目すれば、この法要においては、千手観音の陀羅尼が梵字音によって唱えられたことも十分に考えられます。考えられるというよりも、むしろ、確実に梵字テクストに従って、梵音のままに唱えられたに違いないのです。まったく面目を一新した法要の新しい姿に大宰少弐が驚き、感嘆する様子が目に見えるようです。

空海は生涯にわたって、個人的な法要を積極的に引き受け、機会あるたびに密教図像を作製しています。例えば、弘仁十二年(八二一)九月七日の、元の遣唐大使藤原葛野麻呂追善法要のときの「理趣会十七尊曼荼羅」、天長元年(八二四)十月二十二日の、笠仲守《かさのなかもり》の先妣追善法要のときの「大日微細会《みさいえ》曼荼羅」などがすぐに思い出せます。このように、空海帰国後の展開を視野に入れて考えてみますと、大宰少弐の先妣追善法要のために描かれた「十三尊曼荼羅」供養は、日本密教史上、一つの画期的な事件であったと言っても過言ではないと思います。

しかし、その一方で、この法要では『法華経』『般若心経』の写経も並行して行われています。写経は天平写経を思い出すまでもなく、当時にあってすでに伝統的な供養の形でした。伝統的な写経と新しい曼荼羅の組み合わせ、そこにこそ空海の提唱する新しい法要の具体的な形を見ることができるのです。空海は密教を決して排他的な原理とは考えません。空海にとって、密教とは、何ものも排除されることなく、すべてが共存できる新しい思想の場であった、と言ってよいのではないかと思います。曼荼羅とはそのような、新しく開かれた共存の場を、象徴的に、そしてより一層感覚的に、表現したものに他なりません。

伝統的なものを包み込みながら新しい密教空間の構成を試みる、それが大同二年二月十一日、帰国間もない空海が、大宰府で行ったことです。それは、空海が入京後、弘仁時代を通じてもっと大きな規模で展開することになる密教宣布という事業の、ごくささやかな試み、小さな雛形《ひながた》のようなものだったと言えるでしょう。

願文には廻向のための祈願が書かれるのが普通です。今の大宰少弐のための「願文」にも、今回執り行った法要の祈願が、次のような言葉で記されていました。

伏して願わくは、この徳海（＝大いなる功徳）を傾けて煢魂《けいこん》（＝冥界にある亡母の霊魂）を潤洗せん。妄霧を褰《かか》げて以て大日を覩《み》、智鏡を懐《いだ》きて以て実相を照らさん。

前半はごく普通の廻向の文ですが、後半は「大日」とか「智鏡」という言葉が現れていることからもわかるように、明確に密教的世界を志向する願文になっています。そこに大宰府での法要の目指すものが、集約的に表現されているのです。

空海が他にも大宰府でこのような法要を行ったかどうかは、残念ながらわかりません。しかし、結局のところ、空海は大同四年の夏か秋の初めまで大宰府に留まり続けることになります。大同元年秋の帰国から数えれば、ほぼ三年間、おそらくは自らの意志に反して、空海は大宰府滞在を余儀なくされたことになります。序でながら、この三年という期間は、驚くべきことに、空海が唐に滞在していた期間よりも長いのです。

この三年間の大宰府滞在について、空海は彼の著作のなかでは完全に沈黙を守っています。入唐留学については繰り返し言及するのですが、帰国後の大宰府滞在については、まったく触れることがありません。空白の三年間と言ってよいでしょう。先の大宰少弐のための願文はその空白を埋める例外的な資料なのです。

空海にとってこの三年間は、あるいは人生の中でもっとも苦しい時期であったかも知れない、恵果の遺命に従って勇んで帰国を果したものの、そして『請来目録』の内容にも自信はあったものの、思ったようにはゆかないものだと出鼻を挫かれる苦い思いを抱いていたかも知れない、しばらく前まで私はそう考えていました。しかし、どうもそうではないのではないか、ということが私にも少しずつ判ってきました。空しいと言えば、大学を飛び出して山林斗藪と経典研究に明け暮れていた二十歳代も、立身出世の立場からすれば空しい時間であったかも知れません。しかし、空海にとっては、それが自己探求の充実した時間であったことを私たちはすでに知っています。

その自己探求の時期から大きく飛躍して、長安で暮らした濃密な一年間を空海は自分の新しい体験として持っていました。その中核になっているのは、言うまでもなく、不空と恵果を結び付ける系譜のなかに、空海自身が見出した密教体系でした。『請来目録』はその新しい体験を思想的に表明するものでした。そうしてみると、空海が求聞持法の成就のなかで直感的に把握したものが、一つの明確な思想として形を整えるためには、やはり長安での生活、恵果という師匠との出会いが不可欠であったように思われます。大宰府の三年間は、空海の実存的体験と密教的世界観が一つに融合して新しい思想を造形するためには、どうしても必要な時間ではなかったか、と今の私は考え始めています。

大宰少弐のための「願文」を除いて、空海の大宰府滞在を窺う資料は存在しないと言ったのですが、実は、大宰府滞在の時期に言及する書簡が『高野雑筆集』に二通載せられています。残念ながら、両方ともに宛名も日付もありません。しかし、空海が大宰府滞在に言及する貴重な文章ですので、以下にその全文を引用しておくことにします。それぞれ最初の四字を取って「仲秋已涼《ちゅうしゅういりょう》」、「西府一別《せいふ》」と名付けることにします。

1「仲秋已涼」

①仲秋已《すで》に涼し。伏して惟《おもん》みれば、動止万福なりや。

②某甲《それがし》、大唐より将来するところの経論等、その数稍《やや》多し。数本を写し取って普《あまね》く流伝せんことを思願す。是の故に鎮西府に在りし日、敢えて以て紙筆等を干《もと》め祈《ねが》う。便《たちま》ちに恩許を垂れ訖《おわ》んぬ。

③然りと雖も、未だ顧恵を蒙らず。悚歎《しょうたん》極めて深し。恐らくは大人《たいじん》、故《ゆえ》多くして小事を忘却せん。所以《ゆえ》に重ねて視聴を煩わす。慎みて状を奉る。不宣。謹状。

2「西府一別」

①西府に一別して、今に七年なり。悵恋《ちょうれん》已《や》まず。忽《たちま》ちある人の伝え語るを見るに、この頃京に入ると。即ち謁《えつ》に就かんと欲すれども、私願に期ありて山扃《さんけい》を出ず。限るに此の縁を以て、馳せ謁《まみ》ゆることを遂げず。

②貧道、聊か三宝に供《たてまつ》らんと欲するに、山厨《さんちゅう》闃然《げきぜん》として事毎《ことごと》に弁じ難し。伏して乞う、米油等の済《たす》け垂《た》れんことを。

③又、大唐より将来するところの経疏文書等、数本を写し取りて普く流伝せん事を思《おも》欲う。紙、筆等も得難し。亦恵みを垂れんことを望む。

まず「西府一別」の書簡の①に、「西府に一別して、今に七年なり」とあることから、この手紙が大宰府を離れたときから七年後に書かれた手紙であることは明らかです。したがって、この手紙の日付がわかれば、空海が大宰府を出発した年もわかるという関係にあるわけです。この点についてはすでに高木訷元氏が、段落③に密教経典流伝の意思が表明されていることから、弘仁六年（八一五）のものと推定されています。したがってまた、空海が大宰府を離れたのは七年前の大同四年（八〇九）であるということにもなるわけです。大同四年入京は他にも傍証があり、私も高木氏の考証は正しいと考えます。

この手紙は、大宰府で知り合っていた人がたまたま上京したことを聞き知って、その人の在京のアドレスに宛てて書いた手紙であることが、それに続く文面から読み取ることができます。空海はこの頃はまだ高雄山寺に住していますから、ここでいう「山扃」とか「山厨」というのは、みな高雄山のことです。「米油」や「紙筆」なども思うようにならなかった当時の高雄山寺の台所事情がよくわかります。

そのことはまた、「仲秋已涼」の手紙にも関わってくることです。「仲秋」は陰暦十月のことですが、何年の十月かは書かれていません。しかし、段落②には同じように密教経典流伝の志が述べられていることに注目すれば、これもやはり弘仁六年に書かれた手紙である、とする高木訷元氏の推定を承認しておいてよいのではないかと思います。

しかし、問題がないわけではありません。よく見れば、「是の故に鎮西府に在りし日」

に「紙筆等」を「干め祈」ったと書いてあります。問題というのは、そもそもこの「鎮西府に在りし日」の主語は空海なのでしょうか、それとも宛先の人物なのでしょうか。私はここの「鎮西府に在りし日」の主語は宛先の人物だと考えます。あなたがまだ大宰府に在任しておられたときに、という意味に理解するわけです。そうすると、この手紙は最近大宰府から都に戻ってきた人物、それも大宰府のかなり高い地位にいた人物に宛てた手紙だということになります。「恩許」はその人物から書信の形で空海に伝えられていたけれども、まだ現物は頂いていない。ですから、当の人物が都に戻ってきている今、「重ねて視聴を煩わ」してお願いする、というふうに読めるわけです。そう読めば、これが弘仁六年のものであるということにも筋が通ることになります。

しかし、もっとも注目すべき点は別にあります。それは、空海が大宰府において相当に広い人脈を作り上げていたらしいことが、これらの書簡から窺えるということです。長安にいた頃、僧侶は言うに及ばず、詩人、書家などとも空海は広い親交を結んでいました。大宰府でも同じだったのです。多くの人と分け隔てなく交際する、それが空海という人物のもっとも注目すべき側面ではないか、と私はそのとき気付かされました。『聾瞽指帰』執筆前後の南都寺院の僧たちとの交際についてはすでに話しましたが、その『聾瞽指帰』の文中には、私度僧である親友の「阿毘《あび》」という人物や、「篤信の檀主」(=援助者)である「光明婆塞《こうみようばそく》」という在家信者などの名が書かれていたことが、あらためて思い出されます。

こうしてみると、空海の周りには、常に人々の輪が、幾重にも取り巻いていたことがわかります。それこそが実は、終生変わることのなかった、空海の生活の実態だったのです。空海を孤立した、孤高の天才と見ることは間違っています。むしろ逆に、人々のなかにあっては「和光同塵《どうじん》」とでも言うべき姿勢こそが、空海の基本的態度であったと思われます。山に籠って孤独な修行に打ち込むこと、確かにそれが空海の初心であり、彼の「還源の思い」の向かうところであったことは間違いありません。しかし、それと同時に、多くの人々のなかにあって、その人々との親密な協働性を生きている空海が、確かに存在しているのです。矛盾するかに見える二つの側面を統一することは、常人のよくなし得る業ではないでしょうが、空海はそれを生涯にわたって維持し続けることができました。一見矛盾していると思われるものの統一こそ、空海という人物の終生変わらぬ姿であったのです。

2 弘仁のモダニズム――窟観《くつかん》の余暇に印度の文を学び、茶湯《ちやとう》坐し来って震旦《しんたん》の書を閲《み》る

大同四年(八〇九)七月十六日付けで和泉《いずみ》国司に下された太政官符が『醍醐雑事記』と

いう古写本に載せられています。この官符の趣旨は、空海を京に住せしめよ、ということにあります。もしこの官符が信憑してよいものであるならば、これによって二つの事実を確認することができます。一つは、この時期、空海は和泉国（現在の大阪府南部）に居住していたこと、二つ目は、空海が、この年の七月下旬頃には、京都に移り住んだということです。

もっとも、空海が大同四年八月に京の近辺にいたことは、もう一つ別の、もっと確かな史料によって確認することができます。それは、大同四年八月二十四日付の最澄の「借請法門事」の書簡です。最澄は、空海の入京を知るや、いち早く書簡を呈し、『請来目録』のなかから選んでおいた「十二部」の文書の借覧を求めているのです。詳しいことは第4節でお話ししますので、今はその事実だけを指摘して話を先に進めましょう。

さてところで、入京した空海と早い時期に接触した人物は、最澄の他に、もう一人いました。その人物とは他ならぬ嵯峨天皇です。

大同四年四月、平城天皇が突然退位します。その後を襲って即位したのが嵯峨天皇でした。即位して間もない嵯峨天皇が、空海に新調の屏風二帖を与えて『世説新語』の抜粋を書かせたというのです。書き終わって、屏風を献上するときの空海の上表文が『性霊集』巻四に載せられています。実はこの上表文の日付、十月三日には問題があり、私としては大同四年ではなく、早くても弘仁元年、おそらくは弘仁二年以後のものではないかと考えています。

その頃の京畿には不穏な空気が漂い始めていました。大同四年の十一月、藤原仲成《なかなり》が平城旧京を修営し、翌月には退位した平城上皇が、その平城旧京に入る、という動きがありました。後に「薬子《くすこ》の変」と言われるものに発展する仲成・薬子の陰謀の、最初の動きでした。朝廷内部の権力関係がそのように緊迫した時期に、いくら太っ腹の嵯峨帝といえども、『世説新語』や屏風の書などにかかずらわっている暇はなかったはずです。「薬子の変」が表面化し、その陰謀に対処するべく一連の処置が取られ、関係者（そのなかには皇太子高岳《たかおか》親王、出家して後の真如《しんにょ》も含まれていました）の処罰が終わり、嵯峨天皇の権力基盤が安定したのは翌大同五年の九月以後のことでした。「薬子の変」において活躍した人物は坂上田村麻呂と藤原冬嗣で、田村麻呂はその後すぐ、弘仁二年には没していますが、冬嗣はそれ以後、嵯峨朝において枢要の位置を占めるようになります。当然のことながら、空海との交渉も自ずから生まれてきます。

「薬子の変」の鎮圧に成功した嵯峨天皇は、その年の九月十九日、改元して大同五年を弘仁元年（八一〇）とします。このときから本当の意味での嵯峨天皇の時代が始まります。国文学者たちの所謂《いわゆる》「国風暗黒」の時代、逆に言えば漢風全盛の弘仁時代です。嵯峨天皇はいろいろな面で桓武の継承者であり、桓武の創り出した平安京を、文字通り、新しい日本の首都として完成させた皇帝でした。

「皇帝」という名は言うまでもなく中国諸代王朝の君主を呼ぶ名称ですが、日本においてその「皇帝」という名で呼んで不自然さを感じさせないのは、桓武とその三人の息子平城、嵯峨、淳和の四人くらいではないかと私は考えています。なかでも、桓武天皇は別格として、嵯峨天皇ほど「皇帝」と呼ぶのにふさわしい統治者は、日本の歴代君主のなかには見当りません。逆に言えば、弘仁時代というものが、極めて例外的な色彩をもって、日本の歴史のなかに異彩を放っているということです。そのことを念頭において、本書では以後、「嵯峨帝」と称することにします。

弘仁時代の光は、淳和天皇の天長、仁明天皇の承和の時代まで続きます。それは空海の後半世と重なり合っています。以後私は、この弘仁、天長、承和を包括してカッコつきで「弘仁時代」と呼ぶことにします。この広い意味での「弘仁時代」が終わった後、日本の歴史は大きく「国風」化に向かって方向を転じることになります。仁明の息子、したがって桓武の曾孫である文徳天皇を過渡期として、清和天皇の貞観時代以後、「漢風」は急速に後退し、寛平、延喜ともなれば、「国風」が前面に出てきます。平城天皇の孫である在《あり》原行平《わらのゆきひら》・業平《なりひら》などが活躍するのはその貞観時代です。『三代実録』の業平卒伝には「体貌閑麗にして、放縦不拘《ふこう》。ほぼ才学無く、よく和歌を作る」と記されています。「放縦不拘」とは何ものにも囚われることがなく、自由奔放な振舞をいう言葉です。さらに、「才学無く」とは、漢学の素養がないということであり、その代わり「和歌」が上手であるというのことです。このような業平評は「国風」時代の文化的相貌をよく伝えている言葉です。

後世、いわゆる「国風文化」が高く評価され、日本文化の精髄として理想化されるようになりますと、その前の時代、つまり私が言うところの、広い意味での「弘仁時代」は、「国風暗黒」の時代として貶《おとし》められ、所詮「国文学」の立場からはほとんど無視されるようになります。しかし、それは間違った、もしくは偏った、歴史観です。桓武の明確な国家意識によって改造された「日本」は、「弘仁時代」において主体的な成熟を経て、貞観時代以後に引き渡されたのです。

私の言うところの「弘仁時代」の文化的様態を、「弘仁のモダニズム」と名付けておきたいと思います。日本の歴史において「古代」に時代区分される平安初期のこの時代を、「モダニズム」の名で呼ぶのは時代錯誤も甚だしい、と思われる読者は多いかも知れません。しかし、近代の「モダニズム」の文化的諸相を、近代という時代を特権化せずに考察してみれば、そこには「弘仁時代」と共通する、いくつかの基本的な特徴を見出すことができるはずです。

まず、個性豊かな〈個人〉が粒だって見えるということ。皇帝としての桓武、平城、嵯峨、仏教界においては空海、最澄、円仁、「薬子の変」の中心人物の藤原薬子もそれに加えてよい人物でしょう。次の貞観時代の在原行平・業平兄弟にしても、やはり強烈な個性を感じさせます。業平卒伝に見られる「体貌閑麗にして、放縦不拘」という業平評は、そのことをよく伝えてくれています。主体的に判断し、主体的に行動する人間の姿が、その文章の行間から見えているのではないでしょうか。

第二には、それらの個性豊かな〈個人〉によって、それまでとは違った新しい地平がそれぞれの分野で切り開かれたということ。一言で言えば、「新しさ」への共通の関心があり、それを評価する文化的土壌が存在しているということです。

第三には、第二の点と密接に関連することですが、「モダニズム」のもっとも顕著な特徴である国際性（internationality）、通文化性（interculturality）を挙げておかなければなりません。これはエキゾチシズムや、悪く言えば「外国かぶれ」というような現象をも生み出します。しかし、その「外国かぶれ」の背後にうごめいているのは、既存の枠を超えて越境してゆく好奇心です。それが、人々を刺激し、人々の視野を大きく広げることにもなるのです。日本人の世界像が、十六世紀に改めて大きく広がるまで、もっとも広遠な地平を獲得していたのは他ならぬその「弘仁時代」でした。そのことを象徴的に示すのが、平城の皇太子であり、「薬子の変」で廃されて出家し、後に空海の門に入り、空海の死後、自らの意志でインド求法の旅を志した高岳親王、即ち真如の存在です。

フランスの比較社会学者ルイ・デュモンは、「ブッダという規範は、社会的死と身体的死との間の短い時間に、問題が何であるかを認識した上で選択し決断する人間には、自由のための場所が存在することを教えている」(『インド文明とわれわれ』みすず書房)という注目すべき指摘を行っています。デュモンの言う「社会的死」とは出家、「身体的死」とは言うまでもなくすべての人を襲う生物学的死のことですが、その間に〈自由〉の場を見出したのがブッダであるという指摘です。デュモンはまた、ブッダがインドにおける〈個人〉存在の系譜に連なることも指摘しております。つまり、ブッダの〈自由〉は、ブッダがインド的文脈のなかで〈個人〉という存在次元を切り開いた結果だと考えているのです。したがって、デュモンの考えに沿って私たちは、仏教的な〈個人主義〉を語ることができるように思われます。

私は、空海という存在に、卓越した一個の人間を見ることを本書で提案しているわけですが、その空海はブッダの歩んだ道を追いつつ、デュモンのいう仏教的〈個人〉として生きた人間ではなかったかと思います。空海が繰り返し用いる「斗藪」という言葉は空海が見出した〈個人主義〉の原理をよく言い表わしています。「斗藪」とは、サンスクリットの dhūta の音訳語であり、一切の係累から自らを解放した状態を意味する言葉なのです。

私たちが用いる意味での「自由」という言葉は、明治以後に西欧語の翻訳語として使用され始めたものですが、日本にも西欧的なそれとは違った〈自由〉の系譜が存在していた、と私は考えています。それは、多くのすぐれた仏教者の系譜のなかに、また仏教のなかに自らの生きる指針を見出してきた人々のなかに、脈々と受け継がれて現在に至っています。インドにおいても、ヨーロッパにおいても、そして日本においても、社会的存在としての人間は〈個人〉でもなく、〈自由〉でもありません。〈個人〉も〈自由〉も、人間という存在のなかに見出されるべき理念であり、時には宿命であるかも知れません。文化が異なるに応じて、〈個人〉と〈自由〉の概念は異なります。日本人はそれらの概念を、仏教を通じて学んだのです。空海は、仏教的〈個人〉の〈自由〉を自覚した、日本では最初のケースではなかったでしょうか。世間の常識や両親・親族の意向に逆らってまでも、自らの道を求めてやまない「仮名乞児」という人物像のなかに、それは、空海自身によって、みごとに描き出されています。

そこに私たちの文化が育んできた〈個人〉と〈自由〉の源流があります。その流れは、空海の時代から現在に至るまで、涸《か》れることなく、私たちの文化的身体のなかに今も流れているのです。その源を探れば、空海が飽くことなく追求した菩提心、生命活動のなかに組み込まれている探究心に、行き着きます。いま私たちの生きる時代において、仏教が演じるべき役割があるとすれば、それは決して日本的固有信仰の復興にあるのではなく、私たちのなかに眠る純粋無垢の探究心を目覚めさせることにある、と私は信じています。

「弘仁時代」の明るい文化的景観と、そこに栖息する自由人空海の姿を、現代の私たちに鮮やかに描き出しているのが、『性霊集』巻四に収められている「梵字並びに雑文を献ずる表」のなかに、空海が書き記した次の一節です。

窟観《くつかん》の余暇に時に印度の文を学び、茶湯《ちやとう》坐し来って乍ちに震旦（＝中国）の書を閲《み》る。蒼氏（篆書を創ったと言われる蒼頡《そうけつ》）が古篆《てん》、右軍（＝王羲之）が今隷《きんれい》、務光が韮葉《きようよう》（＝篆書の一種）、杜氏（＝後漢の杜伯度）が草勢を見る毎に、未だかつて野心憂いを忘れ、山情笑《え》みを含まずんばあらず。

これを書いた頃、空海は高雄山寺にいるのですが、禅定と梵字、茶と書、これが空海の生活のなかにおのずから溶け込んでいた様子を窺うことができます。

茶を楽しむことは鎌倉時代の禅僧から始まったと考えている人が多いようですが、それは誤りです。喫茶は「弘仁のモダニズム」の舞台には書かせない小道具のひとつでしたし、日本で初めて茶を栽培させたのは嵯峨天皇なのです。書もまた同じように重要な要素なのですが、それについては次の節で見ることにします。そのような小道具よりも何よりも、その光景のなかにいる空海という人物その人、そしてその人物が発散する雰囲気に特に注目していただきたいのです。「余暇」という言葉、「野心憂いを忘れ」とか「山情笑みを含む」という言葉が暗示しているのは、一人の人物のゆったりとした自由の境地ではないでしょうか。そして、それこそが空海という人間において実現している「弘仁のモダニズム」の姿なのです。

空海は密教の指導者である前に、仏教が教える〈個人〉という存在次元の、そしてそれが開示されるべき〈自由〉という生き方の、発見者であることを、私たちはあらためて見直すべきではないでしょうか。空海が密教を通じて見出し、そして私たちの文化的身体に合うように仕立て直してくれた、この仏教的〈個人〉と〈自由〉という課題を抜きにして、日本文化の豊さを考えることは、少なくとも今の私には、できません。日本の文化史において「弘仁のモダニズム」が課題になるのは、まさにその点においてなのです。「弘仁のモダニズム」という文化的景観のなかに置いてみると、空海という個性が果たした役割がよく理解できると私は考えています。空海に対して私が感じる共感のなかには、現代を生きる私たちと同じ問題を空海が抱え込んでいた、という直感が私にはあります。最近では信長や秀吉の時代が人々の共感を強く引きつけているように思いますが、弘仁の時代もまた極めて顕著に「モダニズム」的様相を呈した時代でした。それと同じように、私には空海の生きた時代が遠い昔の過ぎ去ってしまった古臭い時代とは思えないのです。むしろ逆に、空海とその時代に、戦国の時代以上に、少しも違和感のない魅力を私は感じているのです。

3 嵯峨帝との交友——当《まさ》に今、堯日《ぎょうじつ》天に麗《つ》き、薫風《くんぷう》地に通ず

さて、前置きが長くなりましたが、いよいよ空海と嵯峨帝の登場する舞台に、私たちも目を移すことにしましょう。「薬子の変」が薬子の自死、平城天皇の出家、というところで幕が引かれてからほぼ一カ月後の弘仁元年十月二十七日、空海は一つの上表文をしたためて嵯峨帝に奉進しています。『性霊集』巻四に収められている「国家の奉為《おんため》に修法せんことを請う表」というのがそれです。その「表」は『請来目録』を踏まえて書かれています。その冒頭部分は次のように書かれています。

沙門空海、言《もう》す。空海、幸いに先帝（＝桓武）の造雨に沐《もく》して、遠く海西に遊ぶ。たまたま灌頂道場に入りて、一百余部の金剛乗の法門を授けらるることを得たり。その経は則ち仏の心肝、国の霊宝なり。その故に、大唐開元より以来《このかた》、一人（＝皇帝）三

公（＝行政・軍事の最高責任者）親しく灌頂を授けられ、誦持し観念す。近くは四海を安んじ、遠くは菩提を求む。宮中には則ち長生殿を捨てて内道場と為す。復《ま》た七日毎に念誦を解する僧等をして持念修行せしむ。城中城外にまた鎮国念誦の道場を建つ。仏国の風範も亦復《またまた》かくの如し。

これは『請来目録』「表」のごく簡単な要約としても読める文章で、それを受けて書いていることは明らかです。空海が『請来目録』を上進して以来、公式の文書を朝廷に提出するのはこれが初めてではなかったかと思います。

空海がこの上表文を提出した目的は、「国家の奉為《おんため》に」、仏が「国王の為に特に説」いた「念誦法門」を、高雄山寺において弟子たちに講義し、法に従って修法したいので、そのお許しを頂きたいというところにあります。ここで言われる「念誦法門」とは、新訳の『仁王経』『守護国界主経』『仏母明王経』などですが、これらはすべて、『請来目録』に記載されている新将来の経典です。「七難を摧滅《さいめつ》し四時を調和し、国を護り家を護り、己を安んじ他を安んじる」経典であり、「此の道の秘妙の典《のり》なり」と空海は主張しています。

この上表文が受理されたかどうか、受理された上で勅許が得られたかどうか、それはまったく不明です。しかしこの時期に、嵯峨帝を中心にして田村麻呂、冬嗣たちが固める朝廷が、そのような新規の修法を進んで受け入れたとは考えられません。空海の思惑に反して、嵯峨という皇帝は極めて現実的かつ合理的判断を行う人物であったと私は考えています。事実、彼は軍事行動も含む、実際的行動において政変の芽を摘み取ったのであり、玄宗のようにマジカルな力に依拠する姿勢はまったく見せてはいません。

嵯峨帝と空海の交わりは、まず、書を通じて展開されました。史料的に確認できるものに限って、そのいくつかの例を、年次を追ってざっと見てゆくことにします。まず、弘仁二年六月二十七日、空海は『劉希夷集』四巻、『王昌齢詩格』一巻、『貞元英傑六言詩』三巻、「飛白書」一巻を、弟子の実恵《じちえ》を使者として、嵯峨帝に上進しています（『性霊集』巻四「劉希夷集を書して献納する表」）。このうち、『劉希夷集』四巻は、勅命に応じて空海が書写して上進したもので、他はそれに添えて空海が自発的に献上したものと思われます。これらの上進物に添えられた「表」には、嵯峨帝を称える次のような言葉が書き加えられていました。

当《まさ》に今、堯日《ぎょうじつ》天に麗《つ》き、薫風《くんぷう》地に通ず。垂拱《すいきょう》無為にして、徳を頌《じゅ》すること街《ちまた》に溢れり。手足《しゅそく》に任えず。敢えて以て奉進す。庶《ねがわ》くは屬文《しょくぶん》の士をして、之を知見せしめんことを。

嵯峨新帝を中国古代の理想的帝王である堯になぞらえ、古典に典拠を持つ言葉を連ねながら、「あなた様を称える言葉は都の街々に満ちています」と、現代語訳してしまえば少々歯の浮くようなお世辞を述べているのですが、原文はそういう賤《いや》しさを感じさせません。「垂拱無為」とは、何もしなくてもよく天下の治まることをいう、『書経』などに典拠のある、由緒正しい語句です。それがここでは、「堯日麗天」と並んで、特によく利いていると思います。

この手紙になると、すでに空海の筆は伸びやかになり、嵯峨との親交を楽しんでいる風情さえ感じられます。先に触れた『世説新語』揮毫に関する私の推測が正しいとすれば、これより少し前に嵯峨帝から懇《ねんご》ろな礼状を空海は受け取っていたのかも知れません。『飛白書』一巻については、「飛白書」というもの自体が空海のもたらしたもっともモダンな書体の一つであったことだけを、今は指摘しておきましょう。

「モダニズム」の問題と関連して注目されるのは「王昌齢詩格」です。これについて、空海は次のように書いています。

此はこれ、在唐の日、作者の辺に於て偶《たま》またこの書を得たり。古詩の格等は数家ありと雖も、近代の才子は切にこの格を愛す。

この「近代の才子」という言葉ほど空海の「モダニズム」感覚を私たちに伝えてくれるものはありません。空海自身に「近代」を意識する視線があったことを、この短い一節は教えてくれます。そして、それが嵯峨の共感を引き出すということも、空海は知っていたようです。この直後に、先に引用した「当に今、堯日天に麗き」の文が続いています。全体を通して読むと、空海の言う「近代」の輝きが、私たちにも伝わってくるはずです。

日付はまったく不明なのですが、この六月二十七日から間もない頃、嵯峨帝は「牋紙《せんし》」（書簡用の紙）を空海に与えて、再度『劉希夷集』四巻を書写させています。よほど気に入ったものと思われます。劉希夷は初唐の詩人で、『文集』十巻、『詩集』四巻を残した人だそうですが、私にはその詩人としての価値を判断することはできません。しかし、二度にわたって同じ詩集を書かせているところを見れば、嵯峨帝の気に入ったのは、劉希夷の詩ではなく、どうやら空海の墨跡だったとも思えてきます。

その二度目の『劉希夷集』の書にも、長い「表」（『性霊集』巻四「劉廷芝《りゅうていし》集を書して奉献する表」）が添えられていたのですが、そのなかで、空海は自分が在唐中、さかんに書法の研究をしたことも記しています。

余《われ》、海西において頗る骨法を閑《なら》えり。未だ画墨せずと雖も稍規矩《ややきく》を覚れり。然も猶、定水《じょうすい》の澄浄《ちょうじょう》を願って、飛雲の奇体を顧みず。

「骨法」とは書法のことですが、それを大いに「閑」、つまり習熟したというのです。私たちは、一年ほどの短い長安滞在中に、空海がどれほど多くのことを学び取ったかということを知っています。しかも今、それに加えて「頗る骨法を閑えり」と聞かされるのです。こうなると、もうただただ驚き、畏《おそ》れ入るばかりなのですが、それをさらりと言ってのけるところが空海なのかも知れません。

しかし、空海は仏道を歩む者ですから、「定水の澄浄を願って、飛雲の奇体を顧みず」と付け加えることを忘れません。「定水」とは禅定の境地を澄んだ水に喩えたもの、「飛雲の奇体」とは飛ぶ雲のような行書や草書の墨跡をいう言葉です。書の芸術性にのみ耽溺してゆこうとする嵯峨の心を掣肘する言葉とも読めますし、そのような嵯峨から自分自身を一定の距離に引き離しておくための伏線とも読めます。後の経過を見ればわかりますが、空海は嵯峨帝に取り入ったり、ましてやべったり癒着してしまうことは決してありませんでした。嵯峨帝を「堯日」と仰ぎながら、空海は終始、一定の距離を保つバランス感覚を維持しているのです。

それから間もなくの八月のある日、空海は改めて、次に列挙するようなおびただしい書跡を、嵯峨帝に献上しています（『性霊集』巻四「雑書跡を奉献する状」）。

「徳宗皇帝真跡」一巻、「王陽詢真跡」一首、「張誼真跡」一巻、「大王（＝王羲之）諸舎帖」一首、「不空三蔵碑」一首、「岸（＝道岸）和尚碑」一首、「徐侍郎宝林寺詩」一巻、「釈令起八分書」一帖、「謂之行草」一巻、「鳥獣飛白」一巻

特に最初の「徳宗皇帝真跡」一巻は、同時代の中国皇帝の真跡であり、嵯峨帝を大いに喜ばせたに違いありません。これらの贈り物に添えられた短いメモ風の手紙には、「右、

軽乏なりと雖も、敢えて丹精を表す」という言葉が書かれていました。つまらないものですが、私の「丹精」つまり真心を表すために献上させていただくものです、という意味です。このメモ風の手紙の書きぶりからは、嵯峨と空海との親密さが深まったことを感じることができます。

この後、嵯峨帝は勅を発して、空海を高雄山寺から旧長岡京の乙訓寺に移しています。以後、二人の交遊は急速に深まったものと思われます。

弘仁三年六月七日には「狸毛の筆」四管が、特別に調製されて、嵯峨帝に献上されています（『性霊集』巻四「筆を奉献する表」）。その筆の製法についても、「空海、海西において聴見せし所、かくの如し」という言葉がそこに書き添えられているように、空海が唐に滞在中、どこかで実際に見聞したものだったのです。

同年七月二十八日、空海はまた嵯峨からの手紙を受け取ったようです。空海の返書は「探り得るに従って」以下のものを上進します、という趣旨の文面になっています。つまり、『急就章』一巻、『王昌齢集』一巻、『雑詩集』四巻、『朱昼詩』一巻、『朱千乗詩』一巻、『雑文』一巻、『王智章詩』一巻、『讃』一巻、『詔勅』一巻、『訳経図記』一巻、合わせて十三巻がまとめて嵯峨帝にプレゼントされているのです。

ここで面白いのは、『急就章』や『王昌齢集』など有名なものはともかく、朱昼、朱千乗、王智章というような開元以降の、いわば「同時代詩人」といってよい詩人たちの詩集が多く含まれていることです。朱千乗は空海が帰国するときに餞《はなむけ》の詩を贈っていますから、空海と親密な交際があったと思われる詩人です。最後の『訳経図記』一巻は、『請来目録』に載せる円照の『貞元新翻訳経図記』だと思われますが、それならば二巻でなければならず、問題の残るところです。

古典だけではなく、いや古典よりもむしろ同時代唐文化への関心が、空海と嵯峨とを結びつけていたことを、そこからは見てとることができます。そのような空海の同時代唐文化への深い関心と理解、それに共感する嵯峨という皇帝（それを取りまく新進の若い官僚もそこに加えるべきでしょう）の共感と援助、この二つがなければ私の言うところの「弘仁のモダニズム」は歴史にその痕跡を残すことはなかったと思います。

意外でもあり、面白いと思うのは、この年の秋から冬に移る頃、おそらくは九月か十月頃に、空海が「柑子《かんし》」（元来は甘い果実を言うが、特には柑子蜜柑を言う）を嵯峨帝に贈っていることです。当時乙訓寺にはその柑子の樹が植えられていて、実がなると朝廷に献上するということが恒例になっていたようです。『性霊集』巻四「柑子を献ずる表」には、「例に依って奉献す」という文言が見えています。

この「表」には、また、一篇の詩が添えられていました。「桃李《とうり》珍なりと雖も寒に耐えず、豈柑橘《あにかんきち》の霜に遇って美なるに如《し》かんや」という句でそれは始まっています。伝統的な「桃李」に対比された「柑橘」、さらにそれが「寒」と「霜」の「美」に繫がっているところは、空海の美意識のみごとな表現になっています。続いて、

星の如く玉の如く、黄金の質なり
香味、まさに筐篚《ふき》（＝かご）に実《み》つるに堪えるべし
太《はなは》だ奇にして珍妙、何《いずこ》よりか将《も》ち来れる
定めてこれ天上の王母が里ならん
千年一聖の会《え》を表すべし

と柑子への頌歌が綴られた後、この詩は「攀《よ》じ摘みて、持ちて我が天子に献ず」という、ほほえましくも牧歌的な情景を描く一句で終わります。空海はたぶんその樹に登って、その「柑子」を摘んだのだと思われます。嵯峨と空海の間には、詩と書を通じて、天子と臣下という現実の身分関係を超えたところで、黄金の「柑子」にも似た、「星の如く珠《たま》の如き」理想と夢想が交換されていたのではないでしょうか。

弘仁四年（八一三）空海は四十歳、中寿の年を迎えます。中国の算賀の例に倣って、空海は「中寿感興詩」（『性霊集』巻三）という一篇の詩を作っています。この詩は最澄にも贈られ、その内容に関して不明の点を、空海のもとにいる弟子の泰範を介して問い合わせ

た、最澄の手紙が伝存しています。有名な「久隔帖《きゅうかくじょう》」がそれです。そこには弘仁四年十一月二十五日の日付が付けられていて、これが決め手となって、弘仁四年が空海四十歳のときであり、したがって生年が宝亀五年（七七四）と確定された、という空海研究史の重要な一齣《ひとこま》がありました（上山春平『空海』朝日新聞社）。

それはさておき、その「中寿感興詩」は、私の想像するに、嵯峨帝にも贈られたはずです。その文中に

其の天稟《てんぴん》に任せて昼夜安楽なる者は、誠に是れ堯日の力なり。其の功は岳《たけ》を負い、其の徳は海よりも深し。

という嵯峨帝鑽仰の文句がはめ込まれているからです。先にも引用した

当《まさ》に今、堯日天に麗き、薫風地に通ず。垂拱無為にして徳を頌すること街に隘れり。

という嵯峨帝即位の祝賀の言葉を思い出してください（一九〇頁）。「堯日」は嵯峨帝専用に用いられるメタファーです。他のところでは「堯曦《ぎょうぎ》」（「曦」は太陽の光）という言葉も使っています。後に淳和帝が即位するときの祝賀の言葉に、それを堯から舜への禅譲になぞらえていることからも、そのことは確認できます（『性霊集』巻四「天長皇帝の即位を賀し奉る表」）。嵯峨天皇は、空海にとっては「堯日」、つまり太陽の如き聖王とされる堯として、表象されているのです。

空海が嵯峨帝をどのように表象していたかという問題は、私の知る限り、今までに論じられたことはありません。ただし、空海が自らを不空に擬し、嵯峨帝を玄宗皇帝になぞらえていたということはよく言われることです。不空もまた、「陛下、天を膺《う》け堯を纘《つ》ぐ」(『不空表制集』巻一「上皇の京に還るを賀する表」)とか、「堯より宝図を纘ぎ」(同じく「西京を収復したるを賀する表」)というふうに、堯の名を盛んに引用するのですが、しかしそれは、玄宗の天子としての正統性を称《たた》えるところに留まっています。

それに対して空海は、嵯峨を「堯日」という比喩を用いつつ、「堯」に同化してしまいます。その比喩には明らかに太陽のイメージが投影されており、太陽はすなわちビルシャナですから、空海の頭のなかでは、太陽の如き聖王である堯の神話的イメージを介して、嵯峨はビルシャナとも結ばれていたことがわかります。そこには不空の場合とは異なる、空海独自の、密教宣布のための戦略が隠されていると見るべきでしょう。

翌弘仁五年の初秋(閏七月八日)、空海は『梵字並びに雑文を献ずる表』を上進しています。献上リストのなかには、王羲之の「蘭亭碑」や、梁武帝の「草書評」のような、書道史上第一級の書跡や書評が含まれていました。『古今文字讃』『古今篆隷文体』という、どうやら空海秘蔵の品であったらしいものも含まれています。この『梵字並びに雑文を献ずる表』はいろいろな意味で興味深い内容を含んでいて、少しのスペースではとても語り尽くせません。ここでは二つの点だけを指摘しておくことにしましょう。

一つは、この「表」は一種の文学論あるいは文字論（両者は漢字世界においては本来同一のものです）になっているということです。しかも、内容的に見て『三教指帰』「序」と顕著な親近性を示す文章なのです。今は詳細を述べることはできませんが、『三教指帰』「序」執筆の時期の問題と関連して、注目すべき点である、と私は考えます。

もう一つの点は、献上リストのなかに『梵字悉曇字母並びに釈義』一巻が含まれているという事実です。これは唐からの将来品ではなく、空海自身の著作です。日本人が著作した最初の悉曇学書として貴重なものでもあるのですが、私がここで特に注目したいのは、漢字の書と並べて自作の梵字悉曇の書を献上したことの、空海の意図です。空海は次のように梵字悉曇の価値と効用を説いています。

況《いわ》んや復《また》、悉曇の妙章、梵書の字母、体《たい》は先仏より凝り、理《り》は種智を含めり。字は生の終わりを絡《まと》い、用いれば郡迷を断ず。（中略）満界の宝は半偈《はんげ》にも報い難く、累劫の障《さわり》は一念に断じ易し。文字の義と用、大いなるかな、遠《はるか》なるかな。

ここには、『請来目録』に見られる梵字テクストの説明文よりも、さらに踏みこんだ密教的文字理論が語られています。嵯峨帝がそれを理解したかどうかはわかりません。しかし、梵字という新奇なる文字の書を通じて、「堯日」という文学的比喩よりもさらに深い感覚レベルで、自分の思想を嵯峨帝に伝えようとしているのではないか、私にはそう思われるのです。空海の意図、と先に私が言ったのはそのことを指しています。空海はこう書いています。

常住の字、不壊《ふえ》の体を加持し、邃古の民、今辰に撃耕せん。

「常住の字」とは梵字のことです。「不壊の体」とはいわゆる「玉体」、つまり嵯峨帝の身体をここでは意味しています。「加持」とは、両者が二にして一なること、融通無碍に瑜伽していること、前にも述べた「入我我入」の状態にあることを意味しています。「常住の字」と嵯峨帝の身体とが一つに結びつくとき「遂古の民、今辰に撃耕せん」、今の世に古の堯帝の時代と同じ平穏無事な生活が実現するでしょう、というのです。「堯」の文字はどこにも現れませんが、「撃耕」の二文字（「撃壌耕田」を二字に凝縮したもの）は、『帝王世紀』に出典のある表現で、堯の治世を暗示しています。梵字の書は、こうしてみると、密教というものをまるごと嵯峨帝の体に染み込ませるための感覚的あるいは美学的処方であったのではないか、と私には思われるのです。

この後、空海の密教宣布の活動が本格的に展開されることになります。空海が唐から将来した最新の密教は、その多様な側面を見せながら、全体として「弘仁のモダニズム」を彩る新しい文化装置として働くのですが、それを演出しているのは空海その人です。そのせん。全体像を描く余裕は今はありません。概略を述べておくだけで今は満足しなければなりません。

まず、弘仁六年（八一五）春、空海は密教経典流布のために、弟子たちを東国に派遣します。甲斐の国司、下野の国司などの官人、徳一や広智などの著名な僧、その他にも多くの人々に、例えば次のような経典書写の依頼文が伝えられます。

空海、大唐に入って学習するところの秘蔵の法門は、その本《ほん》未だ多からずして、広く流伝すること能わず。衆縁《しゅうえん》の力に乗じて書写し、弘揚せんと思う。所以《ゆえ》に弟子の康守を差《つか》わして、かの境に馳向せしむ。伏して乞う、かの弘道を顧みて、少願を遂げることを助くれば、幸甚、幸甚。（『高野雑筆集』所収の徳一宛の書状、日付は弘仁六年四月五日）

また、弘仁七年（八一六）には、「修禅の一院」を建立するために、「高野」の地を乞う上表文が書かれ、それが直ちに勅許されたことは、第一章で述べたとおりです。弘仁十二年（八二一）には、次章で取り上げる両部曼荼羅が新作され、その前後には公的・私的な法要が多く営まれ、多くの願文が書かれています。空海は今や時の人になっているのです。弘仁最後の年、十四年（八二三）には、東寺の経営が空海に全面的に委ねられ、真言宗が実質的に南都の華厳、三論、法相、北嶺の天台と並ぶ一つの独立した「宗」として認知される端緒が開かれます（「宗」として認可され、固有の年分度者が公認されるのは空海の死の直前の承和二年を待たなければなりません）。

あたかも、空海の願うところ聴かれざるはなし、という状況なのです。空海がそれを望んでいたか否かは別として、空海の率いる真言教団は、それに続く天長、承和年間を通じて順風満帆の勢いで発展を続けます。空海自身も、一介の留学帰朝僧の身分から、天長元年（八二四）には少僧都、天長七年（八三〇）には大僧都に任ぜられ、僧綱のトップを担って、名実共に日本仏教界の指導者となってゆきます。

その背後には常に、今は上皇となった、嵯峨の影が見えています。嵯峨上皇は空海よりも長生きをして承和九年（八四二）に崩御しますが、嵯峨上皇よりも先に死んだことは空海にとっては幸せであったかも知れません。なぜなら、嵯峨上皇の危篤を待っていたかのように、「承和の変」が起こり、と言うよりも意図的に起こされて、かつての留学仲間であり、「弘仁のモダニズム」を演じる役者の一人でもあり、空海の同志でもあった橘逸勢の無残な追放劇を見なければならなかっただろうからです。逸勢は氏姓を奪われ、「非人」の身に貶められて、伊豆に配流されたのです。

4 最澄との交友と訣別――梵字真言の受学やや難し

帰国後、平安の京《みやこ》に戻った空海の生活のもう一つの重要な側面は、最澄との交わり、そして訣別でした。空海と最澄の関係は、現在に至るまでも、真言と天台の二宗派の間に微妙なしこりを残しています。天台の側からは空海の不実と傲慢が非難され、真言の側からは最澄の無理解と独善が批判されます。しかし、そのような後世の宗派間の争いには何の意味も認められません。もう少し冷静な学問的努力によって、その背後にあった真実の問題の解明に向かうことが望まれます。

したがって、私は本書では、空海と最澄の間の泰範をめぐる争い（それが本当に「争い」だったでしょうか？）や、世に喧伝されてあまりにも有名な『理趣釈経』の借覧をめぐって生じたとされる、両者間の相互不信やそれに続く「訣別」などには、敢えて触れないでおくつもりです。火中の栗を拾いたくないというような、つまらない配慮からではありません。それらの問題とは別に、空海と最澄との間に起きていたことは本当は何であったのか、ということをもう少し客観的に、冷静に考えるための一つの視点を、ここでは提供したいと考えているからです。

すでに述べたように、梵字テクストとそれを理解するための悉曇の知識は、空海の側においては重要な意味を持っていました。ところで、梵字悉曇の問題は、空海と最澄の交友関係のなかでも、かなり重要な問題として認識されていた形跡があるのですが、そのことは現在までなぜか、多くの研究者たちに無視され続けています。そこで、本書では、その視点から空海と最澄の交友関係の実態を、もう一度洗い直すという作業をしてみたいと思います。

空海の入京後まもなく、最澄は新たに将来した経典の借覧を空海に申し込んでいます。その事実は、大同四年(八〇九)八月二十四日の日付を持つ、最澄の手紙によって知ることができます(以下に引用する最澄書簡は、すべて、仁和寺蔵『伝教大師求法書』の承暦三年写本に拠る)。最澄は空海の上進した『請来目録』の存在を知り、直ちにそれを書写していたようです。最澄書写の『請来目録』の写本が、東寺に現在も伝存しています。

さて、その経典借請の手紙ですが、次のような実に素っ気ない文面でした。

謹啓　法門借請の事　合わせて十二部

大日経略摂念誦随行法一巻

大毘盧遮那成仏神変加持経略示七支念誦随行法一巻

大日経供養儀式一巻

不動尊使者秘密法一巻
悉曇字記一巻
梵字悉曇章一巻
悉曇釈一巻
金剛頂毘盧遮那一百八尊法身契印一巻
宿曜経三巻
大唐大興善寺大弁正大広智三蔵表答碑三巻
金師子章並びに縁起六相一巻
華厳経一部四十巻
右の法門、伝法の為の故に、暫く山室に借らん。敢えて損失せず。謹んで、治珍（経珍の誤写）仏子に付して以て啓す。
大同四年八月二十四日　下僧最澄　状上

まず指摘しておかなければならないのは、ここに挙げられている典籍は、すべて、『請来目録』に記載されているということです。経典のタイトルの表記も『請来目録』に一致しています。最澄は、明らかに『請来目録』を見ながら、この依頼文を書いているのです。

また、朝廷に上進されていた経典などの現物は、この時点で空海のもとに返されていたと思われますが（二二七頁参照）、その事実を最澄は知っていたらしいことも推定できます。

本文に目を移しますと、冒頭に三部、『大日経』関係の経典が列挙されていることがまず注目されます。しかも、空海の『請来目録』のなかで「大日」ないし「大毘盧遮那」という文字が冠せられている経典は、この三部に限られています。つまり、最澄は『請来目録』に記載されている未見の『大日経』関連の経典を、まずは、借請リストの筆頭に並べているということです。これは、天台宗が「止《し》観《かん》業《ごう》」と「遮《しゃ》那《な》業《ごう》」の二つの専修コースを持っていたことと無関係ではありません。それに加えて、最澄は「遮那業」に関係している経典には、緊急の必要性を感じていたらしいのです。

それは、書目リストの後に、「伝法の為の故に」という言葉が書かれていることから推測できます。「伝法」という以上は、天台宗に許された二つの「業《ごう》」、つまり「止観業」と「遮那業」に関係していることは確かです。ここに列挙された書目が「止観業」に関わるものでないことは明らかですから、最澄が「伝法の為の故に」と書いたとき、その伝法は「遮那業」の伝法を念頭に置いていたことは疑いを容れません。

次に、『悉曇字記』一巻以下三部の書名が挙げられています。この三部の書物も『請来目録』に記載されているもので、しかもこの三部が、梵字テクストを除けば、悉曇に関係する書目のすべてです。前章で見たとおり、梵字テクストの存在は、『請来目録』の一つの顕著な特徴でもありました。しかし、最澄は『梵字悉曇章』(梵字の一覧表みたいな文章です)以外の梵字テクストそのものには、まったく関心を示していません。これは何を意味しているのでしょうか。

まず、最澄が悉曇というものに強い関心を示しているということは確認できます。最澄は、『請来目録』に記載されている空海の受法記録を読んで、梵字悉曇の知識が密教受法には不可欠である、ということを知ったのだろうと思われます。と同時に、これが第二の点ですが、この時点で最澄自身はまだ梵字悉曇に関する知識を、まったく、あるいはほとんど、持っていなかったということも推測されます。そうでなければ、『悉曇字記』や『悉曇釈』、『梵字悉曇章』のような悉曇学の初歩的入門書の借用を求めるはずがありません。そう考えてくると、これらの初歩的文献を手がかりにして、最澄は悉曇を独習しようとしていたらしい、ということが見えてくるのです。

序でながら、このリストに挙げられている『大唐大興善寺大弁正大広智三蔵表答碑』(略して『不空表制集』)は、空海が『請来目録』「表」のなかで、不空の密教を知るためのもっとも基本的な文献であると明記しているものです。『不空表制集』を読んだとするならば、その点でも、最澄は、梵字文献の重要性を認識させられていたはずなのです。

弘仁二年(八一一)二月十四日に、最澄は再び空海に書簡を寄せて、弟子の礼を取りつつ密教受学の意思を表明しています。

最澄、稽首和南す。最澄今月十四日を以て都下に参向す。卑僧の心裏に、常に阿闍梨の加被を蒙りて、秘密宗を習学せんことを思う。但し穏便得難く、久しく歳月を過ごせり。この度彼の御院（=高雄山寺）に参向し、遍照（=大日）一尊の灌頂を受け、七箇日ばかり仏子等の後に侍して、法門を習学せん。和尚もし無限の恩を垂れなば、明日必ず参奉せん。伏して乞う、指南を垂れ、進止せよ。日晩《おそ》く怱々として具《つぶさ》には状せず。

弟子最澄稽首和南

下資最澄、状上

弘仁二年二月十四日

高雄大阿闍梨座下

しかし、このときは、最澄の希望は実現しませんでした。なぜなら、最澄が高雄山寺において学法灌頂を受けるには、後に見るように、弘仁三年十一月十五日まで待たなければならなかったからです。しかし、弘仁二年という早い時期に、密教受法の意志を最澄が表明していることは注目しておかなければなりません。しかも、「穏便得難く久しく歳月を過ごせり」と書いているところを見れば、最澄の受法の意志はもっと早くに生まれていたことがわかります。大同四年の夏からすれば、ほぼ一年半の時間が経過しているわけですが、この間にどのような交渉が二人の間にはあったのでしょうか。

大同五年（八一〇、九月に改元して弘仁元年）の正月、天台宗に初めて年分度者八名が認可されていることは、その問題を考えるときには、見逃すことはできません。法的には延暦二十五年（八〇六、五月に改元して大同元年）に天台宗に二名の年分度者が定められていたのですが、その実施はこの時まで繰り延べされていたのです。八名というのは、過去に遡って四年分が一度に許されたということです。平城帝の時代が、空海にとってばかりでなく、最澄にとっても、その理由は確かにはわかりませんが、空白の期間であったことがよくわかります。

人選のことなども考えますと、最澄が空海に経典の借覧を申し出た大同四年八月には、年分度者八名の一括認可が内示されていたらしいことも想像されます。そうすれば、最澄の「伝法の為に」という言葉は、いっそうの現実味と緊迫性を帯びてくることになります。弘仁二年の正月にも、この年の年分度者が認可されたとするならば、最澄が空海に対して受法の意志を表明した二月には、合わせて五名の「遮那業」の学生が比叡山にはいたことになります。そうだとすれば、弘仁二年の段階で、最澄が受法を急ぐ理由は十分にあったと言わなければなりません。

その間の事情を伝えてくれる文書が存在しています。時期はずっと下って、最澄死後のことになるのですが（最澄入滅は弘仁十三年、西暦八二二年）、天長八年（八三一）十月二十四日付の円澄の書信です。円澄は弘仁三年十二月十四日に最澄と泰範ともども胎蔵灌頂を、翌弘仁四年三月六日には奉範と光定などと一緒に金剛界灌頂を、受けています。推察するに、円澄は最澄によって、「遮那業」を担うべき人材として、指名されていたのでしょう。問題の書信は、その円澄が、他の天台僧十八名と連署の上で、空海に寄せた長文の手紙です。長いのですが、一般にはあまり知られているものではありませんし、最澄が空海からの受法を諦めた経緯など、大変興味深い事実も記されていますので、以下に全文を示しておきましょう。因みに、この書簡も『伝教大師求法書』に収められています。

①延暦寺受法弟子円澄、大阿闍梨に帰命す。

②円澄、聞くならく、人《ひと》、道《みち》を得れば、則ち乍《たちま》ちにして覚位に登り、道《みち》、人《ひと》に遇えば、則ち忽ちにして法界に布《し》く。人と道相得て、普《あまね》く群生を利す、と。この故に或いは巌《いわお》に投じて半偈《はんげ》を請い、或いは臂《ひじ》を断ちて一観を求む。求法の義、至にして妙なるかな。

③去る弘仁四年（三年の誤り）冬、先師最澄大徳、大悲胎蔵・金剛界両部大法灌頂の法を受けんが為に、上表して云わく、「最澄大唐に渡ると雖《いえど》も真言を学ばず。今、高雄寺空海阿闍梨において真言秘法を受けん」、云々。又、大阿闍梨に書を奉って云わく、「最澄、大唐に渡ると雖も未だ真言法を学ばず。今望むらくは、大毘盧遮那胎蔵

及び金剛頂法を受学せん」、てへり。
④この誠精に依りて、その年の十二月十五日を以て灌頂道場を開きて、百余の弟子と持明灌頂の誓水に沐し、十八道真言を学ぶ。梵字真言の受学やや難し。則ち和尚に問いて云わく、「大法の儀軌を受けんこと、幾月にして得せしめんや」と。答えて曰く、「三年にして功を畢《お》えん」と。歎じて曰く、「本《もと》、一夏を期す。若し数年を経べくんば、暫く本居に帰り、且《かつ》は本宗の事を遂げて、後の日に来たり学ばん。
⑤則ち、四年正月を以て真言を受学せしめんが為に、円澄・泰範・賢栄等を以て、大阿闍梨に属し奉る。然りと雖も、比年《このとし》、限るに煩砕《はんすい》を以てし、未だ本意を遂げず。朝夕に顧《かえり》み思いて、寝食安からず。
⑥又去る延暦の末、天台宗年分二人を度することを賜る。彼の官符に云わく、「一人は摩訶止観を学び、一人は大毘盧遮那経を学ぶべし」てへり。止観の旨は盛んに叡峯に談じて、師資の道を弘む。毘盧遮那の宗に至りては、未だ良匠を得ず、文義の味《あじ》、開示するに人無し。曼荼の行、誰か敢えて修行せん。
⑦今、望むらくは、先師の本願を遂げんが為に、胎蔵の大法を受学して東山に流伝し、国家を擁護せん、と。伏して乞う、大阿闍梨、慈悲の故に印可を垂れよ。弟子、若し一の太法を受くるの後、本源と力を争い、非器の為に法を伝わば、則ち越法の罪は如

来拯《すく》わず、永く無間《むげん》の人と為りて、遂に成覚の期無からん。仰ぎ願わくは、三世の如来、十方の大士、諸天、護法して、この誓いを証明せよ。謹みて二三の弟子等と至心に祈請す。弟子円澄等、稽首和南

天長八年十月二十四日　　　受法弟子　伝灯大法師円澄

問題になるのは段落③以降です。これを見ると、空海からの受法の許可を得るために、最澄は朝廷に上表していることがわかります。また、空海に宛てても書を呈し、「最澄、大唐に渡ると雖も真言を学ばず」ということを明言した上で、「大毘盧遮那胎蔵及び金剛頂法を受学」したい旨の意思表示を行っています。ここに書かれていることは他の史料によって確認することはできませんが、そのような経緯があったことは認めてよいと思います。なぜなら、④には十二月十五日（実際には十四日）の持明灌頂のことが記されており、その事実は、神護寺に現存する空海自筆の『灌頂歴名』によって確認することができることだからです。

そこには胎蔵灌頂のことしか書かれていませんが、最澄は十一月十五日に金剛界灌頂（たぶん「結縁《けちえん》灌頂」）も受けています。⑥、⑦を読めば、比叡山においては特に「遮那業」、つまりここで言うところの「毘盧遮那の宗」、「胎蔵の大法」の受法が何よりも緊急の課題であったことがわかります。「毘盧遮那の宗に至りては、未だ良匠を得ず、文義の味、開

示するに人無し。曼荼の行、誰か敢えて修行せん」という状態は、最澄の生前から始まり、この手紙が書かれた天長年間には、容易ならざる事態にまで深刻化していたものと思われます。

最澄は、泰範をはじめ円澄、賢栄、ここには書かれていませんが光定などの弟子を空海に預け、真言を勉強させていたのですが、そのなかで、長く真言受学に従ったのは泰範一人であったと思われます。その泰範は、遂に、比叡山に戻ることはありませんでした。円澄自身、弘仁三年と弘仁四年に胎蔵と金剛界の灌頂を受けているのですが、まもなく比叡山に帰山していたものと推測されます。段落⑤で「然りと雖も、比年、限るに煩砕を以て、未だ本意を遂げず。朝夕に顧み思いて、寝食安からず」と言っているのは円澄です。円澄は「先師の本願を遂げんが為に」、今あらためて空海からの受学受法を求めているわけです。しかし、このときは、空海の方が円澄の求法の志を受け入れられるような状況にはありませんでした。と言うのも、空海はこの頃から体調を崩し、その後も本格的に回復することもなく、その四年後には、高野山で死去することになるからです。晩年の空海は、真言宗を存続させるための方策に忙殺されていますから、たとえ健康であったとしても、円澄の申し出を受け入れる余裕はなかったものと思われます。序でに言っておけば、そのことが、後に、円仁の入唐求法の直接の原因にもなるのです。

以上、大体の事実経過を確認したのですが、この円澄の書信でもっとも注目すべき点は、段落④に述べられていることです。最澄はそこに書かれているとおり、弘仁三年十二月、胎蔵の持明灌頂を受けた後、十八道真言を習っています。それが梵字のまま授与されたらしいことが、次の「梵字真言の受学やや難し」という部分から推測できます。空海も真言を梵字のまま授与することを基本方針としていたことが窺えます。その梵字真言の受学が最澄には難しかったことが、ここで円澄によって確認されているのです。「十八道真言」についての詳細は省略せざるを得ませんが、持明灌頂（『請来目録』に言う「学法灌頂」と同じ）を受けた後、最初に学ぶべき基本的な真言です。最澄はそこまでのところで行き詰まってしまったのです。

そこで、「大法の儀軌」つまり胎蔵大儀軌を受けるにはどれほどの期間が必要か、という質問が最澄から発せられ、それに対して空海が「三年にして功を畢えん」と答えた、という経過が語られています。実はこれより先、空海は最澄に授法の約束をしていたらしく、それにもかかわらず「三年」というような、最澄には無理な期間を要求したことが、後世、空海の約束違反とされることの根拠とされるのですが、空海としては、最澄にある程度は梵字の知識があるものと考えていたのではないでしょうか。しかし「十八道真言」の習学に入った段階で、「梵字真言の受学やや難し」という状況であることが判明したのです。

実際に驚いたのは、最澄よりもむしろ、空海の方であったかも知れません。「本、一夏を期す」という、やや身勝手な最澄の側の目論見があったとしても、それは最澄の側の認識不足を露呈するに等しいことです。逆に言えば、梵字で真言を教授することが、当時にあっては、それほどに革新的なものであったとも言えるわけです。もし数年を要するというのであれば、いったん比叡山に戻り、「本宗の事」つまり天台の中核である「止観業」の師資相承を終えてから後に改めて参りましょう、という最澄の返答は、最澄のこの段階での密教受法の一時放棄を意味していたに違いありません。その結果、「止観の旨は盛んに叡峯に談じて、師資の道を弘む」ことにはなるのですが、「遮那業」に関しては、先に見たような惨憺たる状況を引き起こすことにもなったのです。

しばしば空海と最澄の訣別が語られ、そしてその主たる理由として、両者の密教観の違いが指摘されています。つまり、空海が顕・密を明確に区別し、顕教に対する密教の絶対的優位を説くのに対して、最澄は顕密の本来的同一性を主張し、密教の優位を認めなかったというのです。その指摘自体は少しも間違ってはいません。しかし、そのことが二人の関係を遠ざけたと考えるとすれば、それは間違っています。そのことは空海にも最澄にも最初からわかっていたことでした。

高雄灌頂より少し前の弘仁三年八月十九日、空海が受け取った最澄の書簡には、はっきりと次のように書かれています。

法華・金光明は先帝（＝桓武）の御願なり。また一乗の旨（＝法華一乗つまり天台宗）と真言とは異なること無し。伏して乞う、遮那《しゃな》の機を覓《もと》めて、年々相計りて伝通せしめんことを。

それにもかかわらず、空海は最澄に入壇を許し、「十八道真言」を授与しようとしたのです。空海にとっては、密教の包摂性は疑う余地のないことでしたから、天台の教義が密教と排他的に対立するとは、もとより考えてはいなかったのです。

違いを認めた上で、それぞれの持ち分を守りながら仏教の興隆を図るという考えを、最初から空海は持っていたようです。「風信雲書、天より翔臨す」の書き出しで有名な「風信帖」は、空海が最澄に書いた書簡のうちの数少ない伝存例の一つですが、そのなかには、

今、我が金蘭（＝最澄のこと）及び室山（＝室生山寺の僧）とともに一処に集会《しゅうえ》して仏法の大事因縁を商量し、共に法幢《ほうどう》を建てて仏の恩徳に報ぜんことを思う。

という一文が書かれています。「室山」は修円のことだとされています。もし修円ならば、法相宗の僧で、室生寺創建者の一人、最澄とも親交があり、弘仁元年には律師に叙任され、後に空海と並んで、天長・承和の期間の仏教界の指導者となる人物です。しかし、それが誰であれ、三人で集まって共同して仏法興隆に努めたい、と空海が考えていたことが重要

です。そしてその空海の考えは生涯を通じて変わるものではなかった、と私は考えています。

最澄と空海の親密な交友は、最澄が「また出直して来ましょう」という、事実上は密教の受法を放棄するような言葉を残して高雄を去った後も、続いています。弘仁四年には、すでに見たように、「中寿感興詩」が最澄にも贈られ、最澄はそれに応える詩を空海に返しています。最澄が空海に対して感情的な反発を感じるようになったのは、よく知られているように、泰範が最澄の求める比叡山への帰山を断固として拒否したことが深く関係しています。それは弘仁七年(八一六)のことでした。しかし、この問題はまずは最澄と泰範との間の問題であることを忘れてはなりません。要するに、泰範が空海の許に留まる方を選んだ、というだけのことです。弘仁七年という年は、すでに述べたように、空海が「高野」の地の下賜を朝廷に願い出た年です。空海と最澄が別々の道を歩み始めた弘仁四年からは、すでに三年の年月が経っていました。

後世に問題が大きくなるのは、もっぱら、空海が最澄に宛てて書いたという「叡山の澄法師、理趣釈経を求むるに答える書」という『補闕抄』巻十に載せられている長文の書簡の解釈をめぐってなのです。私自身はこの書簡の内容についても、文章についても、なお釈然としない疑問を多く感じていますので、多くの論者のようにこれが空海の書いたものであることを、当然の如くに前提として、喧々諤々の論を張ろうとは思いません。

ただ、一点だけ指摘しておくとすれば、最澄が泰範の帰山を求める最後の書簡を送ったのは弘仁七年五月一日のことでしたが、それは翌年に計画されていた東国巡錫の旅に泰範の同行を求めるためでした。それに対して、泰範はきっぱりと断りの返書《補闕抄》巻十「泰範の為に叡山の澄和尚に答える啓書」を書き、自分は空海とともに密教の道を選ぶことを宣言します。この返書は、済遇が付けた表題からもわかるとおり、空海が書いたものとされていますが、その確証があるわけではありません。泰範自身が書いたものもなんら矛盾は生じません。翌年の弘仁八年（八一七）、すでに見たように泰範は実恵らとともに「高野」に上り、高野山開創の事業に専念することになります。その後、空海入滅後の承和四年（八三七）まで、泰範の消息は杳としてつかめません。おそらくは空海の死に至るまで、泰範は「高野」にいて、空海言うところの「修禅の一院」の完成に努めていたのではないか、と私は想像されます。

また、その頃、最澄は南都の僧たちとの論争にも巻き込まれていました。その頃から最澄は、どうやら、協働よりも孤立の道を歩み始めたのではないか、と私には思われます。

同じ年の二月には、最澄は先の借請書にも見える『新訳華厳経』などの返却を空海に求められています。最澄の返書が伝えられていて、そこには「伝法の為に借請して未だ写し得ず」ということが告白されています。そのような状況下で、新たに別の経典借請の申し込みができるとも、またその必要性が生じたとも、私には考えられません。

いずれにしろ、最澄と空海の関係は、悉曇の問題をも含めて、根本的に、史料のレベルから再検討すべき問題ではないかと思います。あわせて、『補闕抄』所載のテクスト全体の、真偽をも含めた再検討を行うべきでしょう。その上で問題を新しく立て直す必要があるということだけを、今は指摘しておきたいと思います。

終章

再び始まりとしての高野山へ

1　自由への希求

私の空海探求の旅、時間と空間を経巡るその旅は、まだ始まったばかりです。時には空海の真実を摑んだと思う瞬間もありましたし、時には摑んだつもりのものが幻のように消えてゆく苦い経験もありました。しかし、本書をここまで読んでくださった読者の方々には、少なくとも、次のことはご理解いただけたと思います。

まず第一点、空海は真言宗の宗祖になるために生まれてきたのではないということ。それは結果であり、その結果に至るまでには、後に空海となるべき一個の人間の、驚嘆に値する自己探求の人生があったのだということです。私たちは、今まで、真言宗の宗祖であるとされる弘法大師を通じて、空海を考えすぎていたのではないでしょうか。空海の実人生を虚心に追跡してみれば、私たちに見えてくるのは、還源の思いに駆られてひたすらに前進する一個の逞《たくま》しい青年であり、長安という国際都市の空気を満喫しながら、密教という輝かしい何物かを、師である恵果の教えに従って、日本に伝えようとする文化指導者の頼もしい姿でした。

もう一つの点としては、空海研究は、私たちが今なおなすべき仕事として残されているということ。近代モダニズムの波を全身に浴びながら、結局は、自分自身がいったい何なのかを問わなければならない状況に追い込まれている私たち日本人にとって、空海の幻像ではなく実像を改めて問い直すことは、大きな学問的課題の一つである、と私は考えています。

ここで「学問」と私が言うのは、制度化され職業化された知識ではなく、本来の意味での学問、つまり「学び問う」という精神、探求の精神が生き生きと脈打っている場としての自由闊達な精神の営みです。私たちが生きるということにおいて、誰でもが思い、実践している探求、それは自己自身の探求かも知れませんし、何か未知の事柄に立ち向かう探求かも知れません。それが私の言う学問です。

本書に即して言えば、空海を弘法大師という宗教的理想像のなかに祭り上げるのではなく、空海が生きた時代のなかに、空海が共に生きた人々のなかに置き直してみることがどうしても必要なのです。空海の時代は、日本国が広大な国際的環境のなかに、おそらく初めて、身を置いた時代でした。空海が触れ合い、親交を結んだ人々は私たちが想像するよりもはるかに多く、しかも階層的にも民族的にも驚くべきほどに多様でした。そういうことをすべて考えに入れて空海を見直してみよう、それが私の本書で訴えたいことなのです。

空海を知ろうと思えば、空海の書いたものを読むことから始める他に方法はありません。

それがもっとも確かな空海を、私たちに見せてくれるからです。幸いなことに、空海は多くの著作を残しています。それは普通に考えられているように、仏教に関する宗教的著作には限られません。『三教指帰』や『性霊集』は、何よりも空海の文学作品として読むことができます。それは、本来の意味での詩であり、ポエジーなのです。空海には、本書では触れることができませんでしたが、『文鏡秘府論』という詩学論とでもいうべき著作（その内容は中国詩学書からの豊富な引用で構成されています）や、『篆隷万象名義《てんれいばんしょうめいぎ》』という字書もあります。また、珠玉ともいうべき『高野雑筆集』という書簡集もあります。空海は何よりも詩人あり、著作家でした。それが私が本書で言いたいことの三番目のことです。

そこで、今から書こうとしている終章では、私のもっとも好きな空海の手紙を、これも私の好きな空海の一篇の詩と並べて、読んでみたいと思います。そこには空海の未だ知れざる素顔が現れ、真情が吐露されています。手紙とは『高野雑筆集』に収められている弘仁十二年（八二一）十一月に書かれた「両相公」に宛てた書簡、詩とは『性霊集』巻二に収める「沙門勝道」を称える弘仁五年（八一四）八月三十日に書かれた碑文です。前のものは高野山開創以後のもの、後者はそれ以前のもので、高野下賜を願う上表文と密接な関係にあるものです。そして、両者を結ぶキーワードは「斗藪殉道」です。

弘仁十二年、空海は四十八歳になっていました。すでに真言宗立宗に向かって多くのことが為されていました。密教付法の系譜を述べた『秘密曼荼羅教付法伝』が著作され、真言教学の核を成す三部作『即身成仏義』、『声字実相義』、『吽字義《うんじぎ》』もすでに書かれていたと思われます。この年、弘仁十二年にはまた、歴史に残る空海の社会事業、本書では言及していませんが、満濃池修築などの社会的大事業も行われていました。

しかし、何と言ってもこの年のクライマックスは、九月七日に、嵯峨帝以下の皇家・朝廷の全面的援助を得て、胎蔵と金剛界の大曼荼羅が新作され、供養されたことであったでしょう。恵果からの受法の何よりも確かな証明であり、密教の新しさのシンボルでもあった両部の大曼荼羅が、国家的公認を得たということを、それは意味しています。そのときには、両部大曼荼羅に加えて、五大虚空蔵菩薩像など合わせて二十六鋪の図像が新たに描かれています。まさにそれは、長安での受法後に行われた曼荼羅製作を再現する事業であったでしょう。それは実際にも、四月三日から始められ八月末日に終わる、約五カ月を要する大事業でした。

九月七日に曼荼羅供養が行われ、空海はそのための「願文」を書いています。第二章で引用したあの忘れ難い文句、「弟子空海、性薫我を勧めて還源を思いと為す。径路未だ知らず、岐《ちまた》に臨んで幾たびか泣く」という一文が書かれるのは、この「願文」においてでした。空海の押しとどめて、なおとどめ難い思いが、そこには噴出しているように、私には感じられます。

この曼荼羅供養について、空海は次のような文章を残しています。

若しは貴、若しは卑、或いは道、或いは俗、財を捨て力を効《いた》す績《せき》、筆を揮《ふる》い針を投ずる営、木を伐り水を汲み、饍《ぜん》を設け味を調う。心を挙げて随喜し、掌を合わせて低頭す。

それは多くの人々の集会《しゆうえ》する祝祭の場でもあったのです。まさに曼荼羅世界をこの世に現出するようなこの法会が、どこで行われたか、記録されていないのが残念です。東寺に伝えられる「現図曼荼羅」は、このときに作られた両部大曼荼羅の系譜を引くものだと言われていますが、東寺が空海に預けられるのはもう少し後の弘仁十四年（八二三）のことでしたから、この曼荼羅供養は宮中のどこかで行われたのではないかと思われます。

さてそこで、問題の「両相公」に宛てた書簡ですが、季節は移り、時は今「中冬」、空海は「高野」にいて、これを書いていたのではないかと思います。「願文」の場合と同じように、ここでも空海は、自らの来し方を回想するところから、筆を起こしています。どうぞ、空海の声に虚心に耳を傾けてみてください。

①中冬霜寒し。伏して惟《おもんみ》れば、動止兼勝ならん。

②貧道、器は前修に劣り、識は可畏を怨むに、謬って先帝の恩命に沐して、延暦の末

年、大唐に入ることを得、幸いにして慈悲の大師に遇い、已に本願を遂ぐ。大毘盧遮那両部の真言秘教及び二部の曼荼羅、灌頂を伝授し、志を誓う。言《ここ》に帰りて、冀《ねがわ》くば秘輪を宣揚せん、と。

③大同初年、乃ち著岸することを得、将来するところの経及び仏像等、使の高判官に附し、表を修して奉進し訖《おわ》んぬ。

④今上《きんじょう》、暦を馭《ぎょ》して恩は卉木《きぼく》に普《あまね》く、勅有りて進むる所の経・仏等を返し賜う。兼ねて宣するに、以て真言を伝授せよ、と。即ち二、三の弟子を率いて、日夜教授す。東大の杲隣《ごうりん》・実恵、元興の泰範、大安の智泉等、稍《ほぼ》大法の旨趣を得《え》、自外の大小師等、各《おのおの》一尊の瑜伽を得《う》。

⑤然るに今、天恩重ねて流れて、両部大曼荼羅の像を図し奉る。その功畢《お》えなんと欲す。一生にして再びの喜び、天よりして下る。幸甚、幸甚。是れ則ち、両相公の致す所なり。

⑥貧道、如今《いま》、生年知命《ちめい》に近く、二毛已《すで》に颯然《さつぜん》たり。生願已に満ちて、伝うべきこともまた了《おわ》りぬ。少年の成立を待たんと欲すれば、還って風燭の速やかに及ぶことを恐る。又、人応供《おうぐ》にあらずして、久しく国粮《こくろう》を費やし、己《おのれ》を撫し、身を修めて、生死の眷《めぐみ》厚きを恐る。望むらくは、所司に宣付して、かの公食を停めんことを。

⑦嗟乎《ああ》、俗に在りては、道を障《さえぎ》ること妻子尤も甚だしく、道家の重き累《わずら》いたること、弟子は是れ魔なり。弟子の愛を絶ちて、国家の粒を却《しりぞ》けんには如かず。斗藪して道に殉じ、兀然《こつぜん》として独坐せば、水菜《すいさい》よく命を支え、薜羅《へいら》是れ我が衣たり。

⑧修するところの功徳、以て国の徳《めぐみ》に酬《むく》い、有するところの経・仏等、杲隣・実恵に伝授す。人、金剛にあらず、蜉蝣《ふゆう》是れ寿《よわい》なり。一生の後、再面期し難し。二、三の弟子等を両相公に属し奉る。伏して願わくは、時々検を垂れ、秘教流伝せば、幸甚、幸甚。

⑨白雲の中、松柏豈《あに》変ぜんや。此生《しせい》と他生《たせい》、形は異にして、心は同じうす。願わくは共に法を弘め、生を利して、同じく覚台に遊ばん。悵恋《ちょうれん》に任えず。謹んで状を奉る。不宣。謹状。

この書簡には日付も宛名も書かれていません。しかし、段落⑤のなかに両部大曼荼羅への言及があり、その製作が最近終わったことが暗示されていますので、この手紙が弘仁十二年に書かれたことが確定できます。冒頭に「中冬」とありますから、その年の十一月であることもわかります。⑥に「望むらくは、所司に宣付して、かの公食を停めんことを」とあったり、⑧に「二、三の弟子等を両相公に属し奉る」とあることから、これが朝廷の高官、「両相公」に宛てられたものであることもわかります。「相公」とは一般には参議のことです。この「両相公」が誰であるかは未だ確定されていません。

段落②と③は、入唐と長安での受法、そして帰国、密教宣布の誓願などが語られているのですが、すでに本書の読者には解説は無用でしょう。④には上進した経典・仏菩薩等の画像が、勅によって、空海に返却されたことが書かれています。「今上(=嵯峨帝)、暦を馭して」という句に続いて書かれていますから、嵯峨帝即位の後まもなくの頃ではなかったでしょうか。また、その返却と同時に「真言を伝授せよ」との勅許も与えられていたことがわかります。ただし、真言伝授とは密教の伝授を意味しているのであって、狭く「真言宗」立宗の許可ではありません。

段落④に名を挙げられている杲隣・実恵・泰範・智泉は空海が高雄山寺に入ったときからの弟子で、十年余の間に、彼らにはすでに「大法の旨趣」が伝授され終わっていたことがわかります。このうち、実恵・泰範は(そしておそらく智泉も)高野山開創に直接当たっていますから、空海のもっとも信頼する弟子であったわけです。杲隣は東大寺で三論・法相を学んだ、空海よりも七歳ばかり年長の僧で、南都時代からの知り合いではなかったかと私は考えています。

なかでも特に智泉は、空海がもっとも愛した弟子の一人でした。空海から見れば「甥《おい》」(姉の男子)に当たります。この後、天長二年(八二五)、三十七歳の若さで高野山で亡くなっています。そのときに空海が書いた追悼文（『補闕抄』巻八「亡弟子智泉が為の達嚫《だっしん》文」）には、「斗藪と同和、王宮と山藪、影の如くに随い離れず、股肱《ここう》の如くに相従う。我飢えれば汝も亦飢え、我楽しめば汝も共に楽しむ」という言葉が書かれていますが、智泉は、文字通り空海に影の如くに付き従った愛弟子でした。同じく「達嚫文」に書かれているのですが、「哀しい哉、哀しい哉、復《また》哀しい哉、悲しい哉、悲しい哉、重ねて悲しい哉」という「哀」と「悲」の重奏のなかには、空海の慟哭《どうこく》を聞く思いがします。ことほど左様に、智泉は空海の愛してやまない弟子でした。今も、高野山壇上伽藍の一隅に、ひっそりと智泉の廟が鎮まっています。

私がこの書簡を読む度に深い感動を覚えるのは、主として、段落⑥、「貧道、如今」から後の部分です。文脈を追いながら、段落ごとに現代日本語に訳し、若干の説明を試みたいと思います。

⑥私は今、すでに知命（五十歳）に近く、頭は白髪まじりになって衰えてまいりました。私の生涯の念願はすでに達成され、法の伝授もまた終えることができました。若い弟子たちの成長に期待を寄せていますが、私の命はまさに風前のともし火、先に尽きてしまうのではないかと恐れます。また、私は人々の供養を受けるような優れた人間ではありませんのに、久しく国家の養いを受け、我が身を保って参りましたが、恩

顧の厚すぎることを恐れます。どうか、担当の官に命令して、その公費の給付を停止していただきとうございます。

空海がここで「国粮」とか「公食」と言っているのは、官僧としての空海に給付される給与を指しています。自分はそのようなものを頂く資格はないから、それを辞退したい、という願いを空海は表明しているのです。これを読み、昨今の世相を思えば、慨嘆尽きざるものを感じるのは、私ばかりではありますまい。この願いにもかかわらず、空海は、その後、弘仁十四年（八二三）には東寺の経営を任され（空海と東寺の切っても切れない関係はこのときに始まります）、天長元年（八二四）には少僧都に、天長四年（八二七）には大僧都に任ぜられて、「生死の眷」はますますその厚さを加える一方でした。

その少僧都、大僧都の任官を、空海はともに辞退しています。特に天長元年四月六日の「少僧都を辞する表」（『性霊集』巻四）には、見逃すことのできない次のような言葉が書かれています。

空海、弱冠より知命に及ぶまで、山藪《さんそう》を宅《いえ》とし、禅默を心とす。人事を経ず、煩砕《はんさい》に耐えず。

空海が公職を逃れようとするのは、単なる世辞ではありません。「人事を経ず、煩砕に耐えず」というのは空海の本心であり、実情なのです。『三教指帰』「序」に「朝市の栄華、念々に之を厭い、巌藪の煙霞、日夕に之を飢《もと》む」と書きこんでいたのは、修辞の技巧を衒《てら》うためでは決してありません。それは、「空海、弱冠より知命に及ぶまで、山藪を宅とし、禅黙を心とす」という、二十五年後の表現と、ぴったりと平仄《ひょうそく》を合わせて響き合っていますが、それは空海の胸底から発している真実の声だからです。

人応供《おうぐ》にあらずして久しく国粮を費やし、己を撫し、身を修めて、生死の眷《めぐみ》の厚きを恐る。望むらくは、所司に宣付して、かの公食を停めんことを。

しかし、空海の願いは、ついに、生涯にわたって満たされることはありません。空海は死の直前までそれを望み続けながら、それでも官僧としての責務をその死に至るまで背負い続けるのです。言葉と行動の矛盾を、あるいは空海の俗にまみれてゆく姿を、人はそこに見るかも知れません。しかし、それはあまりにも一面的な見方です。

豈如《あにし》かんや、香を焼《た》き仏を念じて形を一室に老い、華を散じ経を講じて心を三密に運《めぐ》らし、国恩を枯木に報じ、冒地（＝菩提）を死灰に求めんには。

これも、「少僧都を辞する表」のなかに書かれている空海の言葉ですが、そこに、宮廷に出入りし、加持祈禱をもって貴族たちの歓心を買う、堕落した真言僧空海という、どうやら日本史教科書がばらまいたらしい、虚像を見出すことはできません。むしろ、比叡山の庵室に籠ってひたすら仏道に励む最澄の姿と見紛うばかりの、空海の求道者としての姿がそこに描き出されているのではないでしょうか。

そのことは、「両相公」宛書簡の次の段落を読めば、もはや何の疑いも残さないほどに、私たちの胸に銘記されるのではないかと思います。「嗟乎」で始まる、まさに空海の嗟歎、抑え難い思いの噴出が、そこにはあるのです。この嗟歎を、九月に行われた両部曼荼羅供養の法会の華やかな光とざわめきとを背景に聞き届けていただきたいのです。

⑦ああ、在俗の生活にあっては、求道の妨げになるのは妻子の存在が最たるものなのですが、出家者にとっての重い累《わずら》いとなるのは、弟子であって、弟子は魔物です。弟子に対する愛着を断ち切り、国家の給与をお断り申し上げること、それが私のとるべき最善の道だと思います。一切の係累を断ち切り、仏道に殉じて、独り兀然《こつぜん》として山中に黙念すれば、水菜が私の命を支えてくれましょうし、かずらやつたが私の衣となってくれるでしょう。

先ほどの智泉の例からもわかるように、弟子を愛すること誰よりも深かった空海にして、しかも弟子は「魔」だというのです。「魔」とは求道の妨げを為す者のことです。釈尊が多くの「魔」に襲われ、それを退散させることで成道したことは有名な話です。釈迦像にしばしば見られる「降魔《ごうま》印」(右手を地面に触れた形なので「触地《そくち》印」とも言います)は釈尊の「魔」との闘いを象徴的に示すものです。

弟子のことを思えばこそ、国家の付託にも応え、給付も頂くことになってしまうのですから、今はきっぱりと公職を辞退したい。そして、「斗藪《とそう》」して仏道に殉じたいと思います。これが四十八歳になった空海の願いでした。「斗藪」というのは「頭陀《ずだ》」とも言われ、サンスクリットの「ドゥータ」(dhūta)、つまり「一切の欲望、束縛を振り払った」状態を言う、言葉であることはすでに述べたとおりです。本書一八五頁でも述べたように「ドゥータ」は仏教的な〈自由〉を示す概念語ですが、しかしその自由は与えられた自由ではなく、自ら望み、自ら獲得する自由を意味しています。「斗藪」のこのような本来の意味も、空海のこのあまりにも純粋な求道心も、「両相公」には、おそらく理解を超えたものであったでしょう。しかしだからと言って、空海の自由への希求、空海の仏教修行の理想そのものが、空しく消えるわけではありません。

2　同志よ

この希求、この理想を、空海は繰り返し表明しています。『聾瞽指帰』にも『三教指帰』にも、高野の下賜を願う上表文にも、また「中寿感興詩」の序にも、それは飽くことなく繰り返し、表明されていました。しかし、それがもっとも麗しい詩となって、「斗藪殉道」の讃歌にまで昇華されているのが、「勝道碑文」です。それは、「恵果碑文」、「益田池碑文」とともに、わずか三篇で『性霊集』巻二を構成し、しかもその筆頭に置かれているのを見てもわかるとおり、空海の残した碑文の最高傑作です。具さには、「沙門勝道山水を経て玄珠《げんじゅ》を瑩《みが》くの碑並びに序」と言います。このタイトルは空海自身がつけた表題だと思われます。「恵果碑文」と同じように、空海のもっとも重要な作品の一つであるにもかかわらず、空海研究において従来あまり顧みられることがありませんでした。

この作品は、勝道への共感のうちに、空海自身の思いが直接的に表明されたものである、と私は考えています。そういう意味では、空海の人間としての生の声が聞ける、稀有の作品だと言えるでしょう。全篇千四百字になんなんとする長文なので、ここに全部を引用することはとてもできません。いくつかの予備知識的なものを記した後で、すぐに「斗藪殉道」に関係した個所にスポットを当てることにしましょう。

まず、勝道という人物についてですが、ここは辞典（『日本古代氏族人名辞典』吉川弘文館）を引用する形で、要点を書いておきましょう。

勝道　七三五―八一七　八世紀後半から九世紀初めの僧。日光山の開創者。下野国芳賀郡（栃木県真岡市と芳賀郡の一帯）の人。俗姓は若田氏。少年の頃から仏門に入り、日光補陀落《ふだらく》山（二荒山・男体山）への登山修行を決意し、天平神護三年（七六七）四月、初登頂を試みて山腹に二十一日間留まるが果たせず、天応元年（七八一）再度試みたが失敗。翌二年三月、三度目を決行し、経を写し仏を図して山麓に運び、七日間読経礼仏ののち二日にして登頂に成功、山上に庵を結び二十一日間留まった。延暦三年（七八四）三月、二、三の弟子と再度登攀し、中禅寺湖の南岸に神宮寺（中禅寺。栃木県日光市中宮祠）を建て、同七年四月、北岸に移り住んで修行に励んだ。延暦年中（七八二―八〇六）上野国講師に任ぜられ、都賀郡城山に華厳寺（寺跡は栃木県下都賀郡都賀町木字出井にある）を創建した。大同二年（八〇七）国司の要請を受けて補陀落山上で雨を祈り、験をえた。弘仁五年（八一四）八月、空海は勝道の意を受けた前下野博士である伊博士の懇請により「沙門勝道歴山水瑩玄珠碑並序」を撰し、二荒山の勝景および勝道の補陀落山初登頂を讃えた。同八年、八十三歳で示寂。

この辞典の記述は実は大部分が空海の「勝道碑文」に基づいて書かれています。ですから、これはおのずからにして碑文の梗概にもなっているのです。したがって、空海の碑文がもし書かれていなかったとすれば、勝道の事績がこれほど明らかに伝えられることもなかったでしょう。

勝道は弘仁八年（八一七）まで生きた人で、空海がこの碑文を撰したとき、存命しています。つまり空海とは、四十歳ほども年上ですが、同時代を生きた人です。しかし、空海は勝道と一度も会っていません。会っていないことは、空海自身が跋文のなかではっきりと表明していることです。その個所を次に引用しておきましょう。

人の相知ること、必ずしも対面《まみえ》して久しく語るに在らず。意通《こころ》ずれば則ち傾蓋の遇なり。余、道公と生年より相見ず。幸いに伊博士公に因りて、その情素の雅致を聞き、兼ねて洛山《らくせん》の記を請うことを蒙る。余、不才なるも、仁に当たり敢えて辞譲せず。

つまり、空海は勝道と会ったことがないけれども、意《こころ》が通じるから、この碑文を書くことを辞退しなかった、というのです。『高野雑筆集』に載せる東国の某阿闍梨に密教経典の書写を依頼する手紙（弘仁六年）でも、「古人は面談を貴ばず。貴ぶところは道を同じくするのみ」という言葉を空海は残しています。

勝道とは「道を同じくする」、その点において空海は勝道に心からの共感を表明しているのです。先の『人名辞典』の記事にもあった、天応二年の三度目の登山の試みを述べる一節に次のような言葉が書かれています。

（天応）二年三月中、諸神祇の奉為《おんため》に経を写し仏を図《えが》き、裳を裂きて足を裹《つつ》み、命を棄てて道に殉《したが》う。

最後の一節は、「棄命殉道」と原文にはあります。「殉」とは、元来、「歹《がつへん》」がついているのでもわかるとおり、何かに、あるいは誰かに「従って死ぬ」ことを意味しています。

「殉死」というのはそのことです。また、「殉教」というのもその意味です。「殉道」は、ですから、「道にしたがう」と読みますが、単に「したがう」のではありません。命懸けで「したがう」、いやもっと強く、「道に死ぬ」ことを意味しています。勝道について言われているとおり、「命を棄てて道に殉う《したが》」のです。

激しい求道の精神を勝道のなかに見る空海自身、その点において人後に落ちるものではありません。ここでも、空海は、自分自身が青年時から抱いていた理想を勝道という「道を同じくする」人物のなかに投影しているにすぎません。「命を棄てて道に殉う」ことを望むのは、空海とても同じことなのです。

「勝道碑文」を書きながら（「勝道碑文」は、最澄との訣別の翌年、密教経典流伝の「勧縁書」が書かれる前年の、弘仁五年に書かれています）、空海の心にはすでに「高野」への夢がふくらんでいたのではないかと思われます。二年後の弘仁七年、「高野」の下賜を願う上表文のなかには、空海のそのような個人的願望は書かれていません。修行者たちのために修禅道場を建設したいという、恵果から与えられた使命達成の願望がそこでは前面に出ていました。しかし、その背後に空海の「斗藪殉道」の願いがなかったと考えることはできません。

勝道碑文は「序」と五篇の四言詩から構成されています。五篇のうち第三の詩は十二句から成っていて一番長く、また第三の位置（つまり真ん中）にあることもあって、もっとも重要な詩ですが、そこには、先に見た「中冬霜寒」の書簡に書かれることになる「殉道斗藪」という文字が書かれています。

沙門勝道、竹操松柯あり
この正覚《しょうがく》を仰ぎ、この達磨《だるま》を誦《じゅ》す
観音に帰依し、釈迦を礼拝す
道に殉《したが》いて斗藪《とそう》し、直ちに嵯峨に入る
絶巘《ぜっけん》に龍跳し、鳳挙《ほうきょ》して経過す
神明威護して、山河を歴覧す

冒頭の「沙門勝道」というのを「沙門空海」に置き換えても、この文章はどの字どの句も変える必要はないほどに、空海にもぴったりあてはまります。勝道において真実であるものは、空海においても真実なのです。空海が「意通《おもい》ず」ということの意味はそういうことなのです。最後の句、「山河を歴覧す」を読んで、若き日の空海の「山水を渉覧す」を思い出される読者も多いのではないでしょうか。

勝道の中禅寺湖北涯での修行を叙す一節には次のような文面も見えています。

華蔵を心海に観じ、実相を眉山《びざん》に念ず。蘊羅《うんら》に寒を遮り、蔭葉に暑を避く。菜を喫《くら》い水を喫するも、楽しみ中《うち》に在り。乍《たちま》ちに彳《ゆ》き、乍ちに亍《とどま》って塵外に出ず。

これもまた、そのままに空海の願う「斗藪」の描写ではないでしょうか。「蘊羅」も「水菜」も、先に読んだ「中冬霜寒」書簡に出ている語です。勝道碑文は、勝道の「殉道斗藪」を賞賛しながら、同時に、空海自身の願い、空海の「還源の思い」を歌い上げてもいるのです。

こうしてみると、弘仁五年の勝道碑文から、七年の高野下賜を願う表、そして十二年の「中冬霜寒」の書簡に至るまで、空海の思いは、ある一つのことにひたすらに向かっているように思われます。それを一言で言えば「斗藪殉道」ということになります。こうして、空海の軌跡は「少年の日」の「渉覧山水」から、遠く長安を経て、平安京を通って再び山中での「斗藪殉道」へと還帰するのです。「高野」は空海の始まりであり、そして空海の終わりであったと、私は序章で書きましたが、今こうして私たちは、再び空海とともに「高野」という原点に戻ってきたことになります。

序章で私は空海の「入山興」という詩を引用しました。それは弘仁九年以後になって書かれたものですが、弘仁五年の「勝道碑文」にも山中の生活の楽しさを歌った、次のような詩が含まれています。

山は峥嵘《そうこう》として、水泓澄《おうちょう》たり

綺華は灼々として、異鳥嚶々《おうおう》たり
地籟《ちらい》、天籟《てんらい》は筑《ちく》の如く、箏《そう》の如し
異人乍《たちま》ちに浴し、音楽時《とき》に鳴る
一《ひとたび》覧れば憂いを消し、百煩《ひゃくはん》自ずから休《や》む
人間《じんかん》に比《たぐい》なし、天上に寧《なん》ぞ儔《とも》あらん
孫興も筆を擲《なげう》ち、郭璞《かくはく》も豈周《あにあまね》からんや
咄哉《とっさい》、同志よ、何ぞ優遊せざるや

山は高くそびえ、水は澄みわたっている。美しい花は燃えるように輝き、珍しい鳥が美しい声で鳴いている。大地から洩れ出るような谷川のせせらぎ、天空をわたる風の音は、まるでそのままに筑や箏（筑も箏も竹でできた楽器）が奏でられているかのようだ。普通とは異なった優れた人がそこに身を置くと、大自然の音楽が響き渡る。

辺りを見わたせば憂いは消え去り、多くの煩わしい思いも消えてしまう。人の世にこのようなものがあるだろうか。神々が住むという天上にこのようなものがあるだろうか。孫興のような書画の名人でも筆を投げうち、郭璞のような詩の達人も完全には描ききることができない。さあ、志を同じくする者よ、ゆったりと山に遊ぼうではないか。

「さあ、同志よ、ゆったりと山に遊ぼうではないか、法身の里に身も心もあずけようではないか」という、空海のこの呼びかけは、千二百年の時を超えて、今も私たちの耳に聞こえています。その声を読者のみなさんに届けることで、読者一人一人の新しい空海探求、そして自己探求の旅が始まることを願いつつ、本書を終えたいと思います。

謝辞

本書を書くに当たって、私は多くの著作・論考を参考にさせていただきました。そのすべてを挙げることはとてもできませんが、そのなかでも特に下記の著作・論考は私が空海の全体像を描くのに欠かせないものでした。ここにその名を記して、心から感謝を申し上げます。

Ⅰ　空海の著作

弘法大師著作研究会編『定本弘法大師全集』高野山大学密教文化研究所、一九九〇〜一九九七年

弘法大師空海全集編集委員会編『弘法大師空海全集』筑摩書房、一九八四年

長谷宝秀編『弘法大師全集』（改訂増補版）高野山大学密教文化研究所、一九七八年

高木訷元『弘法大師の書簡』法藏館、一九八一年（『高野雑筆集』の研究と現代語訳）

Ⅱ　空海研究の単行本（現在でも簡単に入手できるものだけに限定しました）

渡辺照宏・宮坂宥勝『沙門空海』筑摩叢書、一九六七年〔ちくま学芸文庫、一九九三年〕

三浦章夫『弘法大師伝記集覧』（増補再版）高野山大学密教研究所、一九七〇年

上山春平『空海』朝日新聞社、一九八一年

Hakeda, Yoshito: *Kukai, Major Works*, Columbia University Press, 1972（英語で書かれた唯一の信頼し得る空海研究書で、最近翻訳されました。羽毛田義人『空海密教』阿部龍一訳、春秋社、一九九六年）

松長有慶監修・武内孝善執筆指導『空海』（コミック人物日本の歴史、コミックですが内容はしっかりしたものです）小学館、一九九五年
本書校正中に、高木訷元『空海　生涯とその周辺』（吉川弘文館、一九九七年）が刊行されました。本書に生かすことはできませんでしたが、空海に関する高木先生の研究をまとめた感があり、今後の空海研究の標準になる著作だと思います。

Ⅲ　本書で特に依拠した論考（本文では著者名だけしか出していないものに限定しました）

大庭脩「唐元和元年高階遠成告身について――遣唐使の告身と位記」（『高橋先生還暦記念東洋学論集』関西大学東西学術研究所、一九六七年）
岡田荘司「空海以前の丹生津比売神社」（丹生津比売神社奉参会『丹生津比売神社神社誌』）
加地伸行「弘法大師と中国思想と――『指帰』両序に寄せて」（『弘法大師研究』吉川弘文館、一九七八年）
薗田香融「古代仏教における山林修行とその意義」（『空海』吉川弘文館、一九八二年）
高木訷元「兜卒の山・高野への歩み――弘法大師の生涯」（『高野山　その歴史と文化』法藏館、一九八四年）
武内孝善「高野山の開創をめぐって――弘法大師と丹生津比売神社」（『日本宗教への視角』東方出版、一九九四年）
武内孝善「延暦の遣唐使をめぐる一、二の問題」（『高野山大学大学院紀要』創刊号、一九九六年）
東野治之「遣唐使の朝貢年期」（『遣唐使と正倉院』岩波書店、一九九二年）
米田弘仁「『三教指帰』の真偽問題」（高野山大学『密教文化』一九四号、一九九六年）

Ⅳ　最後に、著作ではありませんが、高野山大学図書館、高野山大学密教文化研究所は貴重な資料・文献の閲覧を許してくださいました。一人一人のお名前を挙げることはできませんが、関係者の皆様に深く感謝申し上げます。また平成七年八月、秘蔵の聖教の閲覧をお許しいただいた東寺、仁和寺、醍醐寺の関係者各位に、この場を借りてお礼申し上げます。

ちくま学芸文庫版へのあとがき

『空海入門――弘仁のモダニスト』と題して本書が、「ちくま新書」に初めて姿を現したのは、一九九七年、今から二十年ほど前のことでした。フランス文学を専門とする大学教員であった私は、その時五十二歳になっていました。そして、その後も引き続いて、六十二歳の定年までの残された十年間、フランス語・フランス文学という専門領域において研究と教育を続けました。実際にも、東京大学前期課程（教養学部の一年生と二年生）においては、フランス語履修の学生さんにはフランス語の基礎を、後期課程（専門学部の三年生と四年生を対象とする専門課程）ではフランス文学とフランス思想に関する講義を担当していました。

そのような、フランスの文学や思想を専門領域として学び、フランスにも留学するというごく普通の道筋を経た後に、フランス語・フランス文学・フランス思想を専門とする大学教員になった私が、日本古代の仏教指導者であった空海という歴史的人物に、どうしたわけで関心を持ち、上記の専門領域を踏み越えて、と言うかその正道を踏み外して、課外の自由選択科目として「空海」という日本古代の思想家についてのセミナーを開講したのかということについては、『空海の思想』(ちくま新書)のあとがきに書いたとおりです。千二百年もの時空を隔てる人物に私が関心を持ったことの結果として、本書が読書界に提供され、幸いなことに版を重ねたことは、私自身にとっても、悪質な夢ではないかと思われます。空海をテーマとする私の小著、いささかの自負を込めて言えば「空海の真実」に迫ることを主眼とするこの小著が、版を重ねたことは私にとっても予想外のことだったのです。

そのことは、『空海の思想』のあとがきにも書きました。私が空海という歴史的人物に出会えたのは、『沙門空海』(筑摩叢書)という一冊の本を手にする機会が、私にも偶然に与えられたからです。

日本歴史に実在した空海と、宗派的説話のヒーローとして登場する「弘法大師」という名の架空の人物とを混同してはなりません。元来、「弘法大師」という称号は、延喜二十一年(九二一)、つまりは空海の死後に朝廷から与えられた一種の名誉称号でした。空海は承和二年(八三五)に亡くなっていますから、自分が「弘法大師」という称号を与えられたことを、空海自身は、もちろんのこと知る由もありません。

しかし、その名誉称号は、中世の初め頃に流行した説話物語に登場する主人公の名として流用されました。元来は実在の空海を称揚するための名誉称号であったものが、いつの間にか、中世に流行した「弘法大師物語」の主人公の名となり、いつの間にか、それが実在の空海を凌駕し、呑み込んでゆきました。

しかし、実在の空海と、中世の「弘法大師物語」の主人公と化した「弘法大師」とは、当然のことながら、まったく次元の異なる存在です。説話物語の主人公である「弘法大師」は、例えれば鉄腕アトムと同じ次元に属する、架空のヒーローなのです。人々が夢見るだけのヒーローに過ぎない「鉄腕アトム」が実在しないのと同じように、説話物語に登場する「弘法大師」も実在してはいません。両者ともに、人々の夢想のなかにのみ、言い換えれば幻想のなかにのみ、生き続けている仮空のヒーローなのです。

そうである以上、空海という実在の人物と、中世の人々の夢に託された「弘法大師」とは、まったく次元の異なる存在なのです。現在の「弘法大師」は今なお、その人々の夢を託されて、ただそれらの人々の夢のなかにのみ生き続けています。しかし、空海研究が目指すものは、中世日本人の夢を託された「弘法大師」の研究ではありません。私たちが目指すべき空海研究は、日本の歴史上に実在した空海その人の、宝亀五年（七七四）に生まれ、承和二年（八三五）三月二十一日に亡くなった人物の真実を追究する研究でなければなりません。

ちくま学芸文庫版のあとがきとして、そのことだけを特に記しておきたいと思います。

本書は、一九九七年五月二十日にちくま新書として刊行された。文庫化にあたり、大幅な加筆訂正を行った。

原典訳 ウパニシャッド
岩本裕編訳
インド思想の根幹であり後の思想の源ともなったウパニシャッド。本書では主要篇を抜粋、梵我一如、輪廻・業・解脱の思想を浮き彫りにする。（立川武蔵）

世界宗教史（全8巻）
ミルチア・エリアーデ
宗教現象の史的展開を膨大な資料を博捜し著された人類の壮大な精神史。エリアーデの遺志にそって共同執筆された諸地域の宗教の巻を含む。

世界宗教史1
ミルチア・エリアーデ
中村恭子訳
人類の原初の宗教的営みに始まり、メソポタミア、古代エジプト、インダス川流域、ヒッタイト、地中海地域、初期イスラエルの諸宗教を収める。

世界宗教史2
ミルチア・エリアーデ
松村一男訳
20世紀最大の宗教学者のライフワーク。本巻はヴェーダの宗教、ゼウスとオリュンポスの神々、ディオニュソス信仰等を収める。（荒木美智雄）

世界宗教史3
ミルチア・エリアーデ
島田裕巳訳
仰韶、竜山文化から孔子、老子までの古代中国の宗教と、バラモン、ヒンドゥー、仏陀とその時代、オルフェウスの神話、ヘレニズム文化などを考察。

世界宗教史4
ミルチア・エリアーデ
柴田史子訳
ナーガールジュナまでの仏教の歴史とジャイナ教から、ヒンドゥー教の総合、ユダヤ教の試練、キリスト教の誕生などを収録。（島田裕巳）

世界宗教史5
ミルチア・エリアーデ
鶴岡賀雄訳
古代ユーラシア大陸の宗教、八—九世紀までのキリスト教、ムハンマドとイスラーム、イスラームと神秘主義、ハシディズムまでのユダヤ教など。

世界宗教史6
ミルチア・エリアーデ
鶴岡賀雄訳
中世後期から宗教改革前夜までのヨーロッパの宗教運動、宗教改革前後における宗教、魔術、ヘルメス主義の伝統、チベットの諸宗教を収録。

世界宗教史7
ミルチア・エリアーデ
奥山倫明／木塚隆志／深澤英隆訳
エリアーデ没後、同僚や弟子たちによって完成された最終巻の前半部。メソアメリカ、インドネシア、オセアニア、オーストラリアなどの宗教。

世界宗教史8　ミルチア・エリアーデ　奥山倫明／木塚隆志／深澤英隆訳
西・中央アフリカ、南・北アメリカの宗教、日本の神道と民俗宗教。啓蒙期以降ヨーロッパの宗教的創造性と世俗化などを収録。全8巻完結。

シャーマニズム（上）　ミルチア・エリアーデ　堀一郎訳
二〇世紀前半までの民族誌的資料に依拠し、宗教史学の立場から構築されたシャーマニズム研究の金字塔。エリアーデの代表的著作のひとつ。

シャーマニズム（下）　ミルチア・エリアーデ　堀一郎訳
宇宙論的・象徴論的概念を提示した解釈は、霊魂の離脱（エクスタシー）という神話的な人間理解として現在も我々の想象力を刺激する。（奥山倫明）

回教概論　大川周明
最高水準の知性を持つと言われたアジア主義者の力作。イスラム教の成立経緯や、経典などの要旨が的確に記された第一級の概論。（中村廣治郎）

原典訳 チベットの死者の書　川崎信定訳
死の瞬間から次の生までの間に魂が辿る四十九日の旅――中有（バルドゥ）のありさまを克明に描き、死者に正しい解脱の方向を示す指南の書。

旧約聖書の誕生　加藤隆
旧約聖書は多様な見解を持つ文書を寄せ集めて作られた書物である。各文書が成立した歴史的事情から旧約を読み解く。現代日本人のための入門書。

神道　トーマス・カスーリス　衣笠正晃訳　守屋友江監訳
日本人の精神構造に大きな影響を与え、国の運命をも変えてしまった「カミ」の複雑な歴史を、米比較宗教学界の権威が鮮やかに描き出す。

空海コレクション1　空海　宮坂宥勝監修
主著『十住心論』の精髄を略述した『秘蔵宝鑰』、及び顕密を比較対照して密教の特色を明らかにした『弁顕密二教論』の二篇を収録。（立川武蔵）

空海コレクション2　空海　宮坂宥勝監修
真言密教の根本思想『即身成仏義』『声字実相義』『吽字義』及び密教独自の解釈による『般若心経秘鍵』と『請来目録』を収録。（立川武蔵）

選択本願念仏集　法然　石上善應訳・注・解説

全ての衆生を救わんと発願した法然は、ついに、念仏すれば必ず成仏できるという専修念仏を創造し、本書を著した。菩薩魂に貫かれた珠玉の書。

龍樹の仏教　細川巌

第二の釈迦と讃えられながら自力での成仏を断念した龍樹は、誰もが仏になれる道の探求に打ち込んでいく。法然・親鸞を導いた究極の書。（柴田泰山）

阿含経典1　増谷文雄編訳

ブッダ生前の声を伝える最古層の経典の集成。第1巻は、ブッダの悟りの内容を示す経典群、人間の肉体と精神を吟味した経典群を収録。（立川武蔵）

阿含経典2　増谷文雄編訳

第2巻は、人間の認識（六処）の分析と、ブッダ最初の説法の記録である実践に関する経典群、祇園精舎を訪れた人々との問答などを収録。（佐々木閑）

阿含経典3　増谷文雄編訳

第3巻は、仏教の根本思想を伝える初期仏伝資料と、ブッダ最後の伝道の旅、沙羅双樹のもとでの〈大いなる死〉の模様の記録などを収録。（下田正弘）

バガヴァッド・ギーターの世界　上村勝彦

宗派を超えて愛誦されてきたヒンドゥー教の最高経典が、仏教や日本の宗教文化、日本人の思考に与えた影響を明らかにする。（前川輝光）

宗祖ゾロアスター　前田耕作

ゾロアスターとは何者か。プラトンからニーチェに至る哲学者を魅了した伝説的存在、その謎に満ちた生涯・正典を妖しい霧の中に分け入り探る。

増補　チベット密教　ツルティム・ケサン　正木晃

インド仏教に連なる歴史、正統派・諸派の教義、個性的な指導者、性的ヨーガを含む修行法。真実の姿を正確に分かり易く解説。（上田紀行）

密教　正木晃

謎めいたイメージが先行し、正しく捉えづらい密教。その歴史・思想から、修行や秘儀、チベットの性的ヨーガまでを、明快かつ端的に解説する。

ちくま学芸文庫

空海入門《くうかいにゅうもん》　弘仁《こうにん》のモダニスト

二〇一六年十月十日　第一刷発行

著　者　竹内信夫（たにうち・のぶお）
発行者　山野浩一
発行所　株式会社　筑摩書房
東京都台東区蔵前二―五―三　〒一一一―八七五五
振替〇〇一六〇―八―四一二三
装幀者　安野光雅
印刷所　三松堂印刷株式会社
製本所　三松堂印刷株式会社

乱丁・落丁本の場合は、左記宛にご送付下さい。
送料小社負担でお取り替えいたします。
ご注文・お問い合わせも左記へお願いします。
筑摩書房サービスセンター
埼玉県さいたま市北区櫛引町二―六〇四　〒三三一―八五〇七
電話番号　〇四八―六五一―〇〇五三

ISBN978-4-480-09748-4　C0115